AF453359

Souvenirs

DES

Martyrs

de Chine

PAR

G. APPIA

PARIS

SOCIÉTÉ DES MISSIONS ÉVANGÉLIQUES

102, BOULEVARD ARAGO, 102

1901

Souvenirs

DES

Martyrs de Chine

PAR

G. APPIA

<hr>

PARIS

SOCIÉTÉ DES MISSIONS ÉVANGÉLIQUES

102, BOULEVARD ARAGO, 102

1901

AVANT-PROPOS

Quoties metimur, plures efficimur. Chaque fois qu'on nous moissonne, on nous sème, écrivait, au sein des persécutions de l'Empire romain, le grand apologète Tertullien, interprétant ainsi à sa manière la parole du Seigneur : si le grain de froment ne meurt, il demeure seul, mais s'il meurt, il porte beaucoup de fruit. Cette loi du succès moral n'a pas changé. Le monde romain a été vaincu, non par la politique, mais par le martyre et non seulement vaincu, mais transformé. Et c'est aux souffrances des chrétiens de race latine, flamande ou italienne que nous devons d'avoir conquis la liberté religieuse. Devant le dévouement et les héroïques souffrances des missionnaires et des chrétiens de la Chine, il ne nous est pas possible de mettre en doute, que le résultat final n'en soit une expansion toute nouvelle de la puissance de l'Evangile dans le lointain Orient. Mais Dieu opère par des moyens humains ; et les lois qui président au monde moral n'agissent pas fatalement comme celles du monde physique.

C'est à l'Eglise chrétienne qu'incombe la sainte tâche de justifier les voies de la Providence ; c'est par ses efforts, ses sacrifices, son activité, que le Dieu de la grâce exauce les vœux de ceux qui ont souffert pour Lui, des martyrs que l'Apocalypse nous montre réclamant le fruit de leurs douleurs et la sainte vengeance de la charité [1].

La position actuelle des chrétiens de Chine est des plus difficiles ; et si les pages suivantes dirigent vers eux les prières, les sacrifices et la charité de l'Eglise, notre modeste travail ne sera pas inutile.

Cent trente-quatre missionnaires et plus sont tombés sous le couteau des Boxers, ou victimes de la persécution, sans compter 44 enfants. Leur sang ne criera-t-il pas à notre chrétienté confor-

[1] L'armée du Christ est une, l'armée des missions l'est aussi ; la veuve de l'ancien trésorier de la grande société des missions des provinces intérieures de Chine, Madame Berger, nous en a donné une preuve touchante, en nous envoyant, au milieu de nos sérieuses préoccupations financières, au sujet de Madagascar, 25.000 francs pour la Société de Paris.

table et endormie ou distraite par tant de soins divers, que l'époque est désormais aux sacrifices qui coûtent, et que le monde s'attend à ce que les disciples d'un Maître crucifié ne soient pas au-dessous des martyrs de la science, de l'exploration ou du patriotisme.

« Si quelqu'un me sert qu'il me suive », a dit le Maître, et pour rendre l'accomplissement de cette tâche possible, il nous a ouvert tous les trésors de son intercession et de sa grâce, nous répétant : « tout ce que vous demanderez à mon Père en mon nom, je le ferai ».

Une fois de plus la parole de Dieu a fait ses preuves. Au sortir des catacombes, l'Eglise primitive montra ses livres saints, qui avaient supporté l'épreuve du feu. Semblable aux trois hébreux, elle sortait vivante de la fournaise, la parole du Fils de Dieu avait supporté la critique du feu et avait accompagné les confesseurs au sein des flammes, sans rien perdre de son contenu ni de sa valeur. Les martyrs de la Chine ont fait la même expérience, comme le prouvent leurs témoignages authentiques, à la gloire de Dieu et de sa parole écrite.

Nous aurions pu consacrer à ce sujet un chapitre spécial ; le lecteur observera lui-même qu'en face de la mort, la parole de Dieu démontre seule sa puissance toujours invincible et créatrice.

OBSERVATIONS

Nous avons l'assurance intime de n'avoir donné que des faits authentiques qu'il est aisé de contrôler.

La source principale à laquelle nous avons puisé, est le martyrologe publié, à la fin de janvier par M. Marshall Broomhall, sous le nom de : *Martyred missionaries of the China Inland Mission* (C. I. M.) Puis l'organe de la grande société américaine (A. B. C.), le *Missionary Herald* de Boston 1900-1901, ainsi que son dernier rapport, le journal baptiste de Londres publié par M. Baynes, celui de l'Egise unie, libre d'Ecosse, ensuite celui de la société des Provinces, Intérieures de la Chine) C. I. M., appelé Chinas Millions, le *Chronicle of the China Mission in North China*, le Missions Magazin de Bâle et les brochures et journaux du Dr Warneck, celle du missionnaire Maus et le compte rendu de l'assemblée œcuménique de New-York.

ABRÉVIATIONS

C. I. M. désigne la Société des Provinces Intérieures de la Chine.

A. B. C., l' « American Board », ou la grande Société américaine des congrégationalistes.

S. P. G., la Société de la Haute Église épiscopale.

SOUVENIRS

DES

MARTYRS DE CHINE

———

Il a toujours été de *tradition, dans l'Eglise* chrétienne, d'honorer la mémoire de ceux qui ont souffert pour la foi, et de rappeler, avec action de grâces, la manière dont Dieu s'est glorifié en eux, soit en les préparant à l'heure suprême, soit en leur accordant, au sein des tourments et de la mort, une parfaite paix et une ferme assurance.

Depuis le récit de la *mort du premier martyr*, jusqu'à celui des supplices endurés par les nobles pasteurs du désert, l'Eglise n'a jamais fermé son martyrologe.

Nous trouvons aux premières pages de ce martyrologe la lettre des chrétiens de *Smyrne*, racontant comment saint Polycarpe glorifia Dieu dans les flammes, ou celle des *Lyonnais*, décrivant le martyre de sainte Blandine qui, « semblable à une mère », s'oubliait elle-même dans les tortures pour exhorter les autres à persévérer ; nous continuons à lire la suite de cette même histoire, dans *Crespin*, dans *Fox*, dans les papiers d'*Antoine Court*, et dans les belles publications de notre Société d'histoire du protestantisme.

Il eût été étrange que l'année des martyrs de Chine, l'année 1900, n'eût pas, elle aussi, sa place spéciale dans le martyrologe chrétien, et nous voulons essayer d'en tracer ici au moins quelques pages.

Bon nombre de ces pages ne seront jamais écrites ici-bas. Les souffrances, les suprêmes prières et les délivrances finales de toute une armée de ces saints inconnus, n'ont été enregistrées encore que dans la mémoire de quelques rares témoins, de leurs bourreaux peut-être, pour lesquels ils ont prié, à la dernière heure ; elles ont été surtout recueillies par Celui qui se leva de son trône pour recevoir debout son premier martyr.

Actuellement même, les détails manquent sur un bon nombre de nos missionnaires.

Nous savons que la Société des Provinces intérieures (C. I. M.) a perdu par le martyre 53 adultes, et, en tout, avec les enfants, 62 personnes.

L'A. B. C., la grande Société
d'Amérique...................... 18 personnes.

La Mission des Baptistes anglais,
détruite tout entière............ 16 —

Les Presbytériens d'Amérique.. 8 —

La Société biblique, une famille
de .... 5 —

La Mission de la haute Eglise
(S. P. G.)...................... 3 —

La Mission de Londres........ 1 —

Missionnaires isolés.......... 2 —

Selon les dernières données, il y a eu **134** victimes adultes et **44** *enfants*. On est dans l'incertitude sur le sort de 12 hommes, 14 femmes, 2 enfants, en tout 28 personnes.

Une famille de la mission Baptiste, étant en congé en Europe, a, seule de sa dénomination, échappé à la mort.

D'autre part, les catholiques signalent la mort, et nous pouvons dire aussi le martyre, de *34 missionnaires, 10 sœurs* et *5 prêtres* chinois, en tout 49.

La Légende des Saints

Mais ce devoir qu'a l'Eglise, de se souvenir de ses confesseurs, ne nous fait pas oublier ce que Jésus a dit aux Pharisiens : « Malheur à vous qui bâtissez les tombeaux des prophètes et ornez les sépulcres des justes ! » La légende mensongère et l'adoration des saints sont nées presque en même temps que l'histoire authentique des héros de la foi.

Nous désirons imiter la sobriété du premier historien, saint Luc, puisque aussi bien nos martyrs de 1900 ont reproduit les sentiments de saint Etienne, répétant comme lui, dans leurs cœurs : « Seigneur, ne leur impute point ce crime. » Les détails sanglants de leur martyre n'abonderont point dans les pages qu'on va lire ; mais, en revanche, nous donnerons des témoignages authentiques de la fermeté et de l'amour de tant de chrétiens chinois, européens ou américains, morts pour leur foi.

Sont-ils de vrais martyrs ?

Peut-être la question surgira-t-elle dans quelques esprits : Est-il légitime d'appliquer ici le beau nom de martyrs à des hommes, à des femmes, qui n'ont pas subi de supplices décrétés par leurs persécuteurs, après avoir comparu devant les tribunaux, ni confessé leur foi devant des juges, mais qui sont, au contraire, tombés sous les coups des ligueurs

« du grand couteau », ou dans les flammes allu-
mées par la populace chinoise ?

Les témoignages qu'on va trouver dans les pages
suivantes fourniront la réponse pour les missionnaires.

Quant aux chrétiens chinois qui ont succombé,
nous n'hésitons pas à leur donner d'emblée le nom
de martyrs, ne fût-ce que pour la ressemblance de
la persécution chinoise avec celles de l'Eglise primitive : mêmes cruautés, mêmes moyens offerts
pour échapper à la mort, même intention de l'impératrice de détruire en un unique massacre tous
les chrétiens. On exige que les chrétiens vien-
nent au tribunal déclarer, par écrit, qu'ils ont
renoncé à leur religion ; on exige de ceux qui
veulent sauver leur vie qu'ils aillent, comme les
anciens « libellatici », se fournir d'une attestation
de renégats, ou, comme pour les « thurificati »,
qu'ils offrent de l'encens aux idoles, ou jettent le
sort devant elles. On demande que les chrétiens
suspendent à leur porte une pancarte, déclarant
qu'ils entendent être protégés comme ayant renoncé
à leur religion ; et, malgré ces menaces et ces supplices affreux, nous verrons bientôt, Dieu soit
béni, qu'un nombre relativement très petit a pu être
amené à abjurer sa foi.

Quant à la teneur des édits, on croirait lire celui de Dioclétien, exaltant la religion d'Etat et disant : « Les dieux ont déterminé ce qui est juste et vrai, « et les meilleurs parmi les hommes ont confirmé « ces principes par leurs conseils et leurs actions. « Il n'est donc pas permis d'aller à l'encontre de « cette sagesse divine et humaine... C'est le plus « grand des crimes de vouloir changer les institu- « tions des aïeux. »

Qui refuserait le beau nom de martyr de la foi à l'héroïque Lin-Feng-Chih, puissant géant de six pieds de haut, qui avait la charge de gardien des archives de l'Eglise de Feng-Cho-fou ? Quand les hommes de la police lui demandèrent de livrer les registres de l'Eglise, pour prendre d'un seul coup tous les chrétiens, il refusa obstinément de rien livrer et fut condamné à recevoir 600 coups sous lesquels il succomba, fidèle jusqu'à la mort à son Dieu et à ses frères.

Plusieurs des pasteurs de Pékin donnèrent le même exemple de fidélité en face du danger. Hung-Fung-Shen, père du pasteur Hung, loin de se retirer en lieu sûr au moment de l'orage, resta à son poste, dans la chapelle où était le centre de ses fonctions, jusqu'au moment où les ennemis arri- vèrent pour détruire l'édifice. La dernière nouvelle que nous ayons eue de lui, est le témoignage d'un homme qui l'a vu, appuyé contre la muraille, entouré de Boxers, qui le lardaient de leurs lances et auxquels il disait : « Tuez-moi ! mais ne conti- « nuez pas comme vous faites. »

De même, l'excellent diacre Chang est mort pour la foi, avec sa femme, qui était une de nos lectrices de la Bible.

Certes ces nobles victimes chinoises méritent le titre de vrais martyrs et les témoins oculaires ne le leur ont point marchandé. Quant à leur nombre, personne ne pourra probablement jamais l'indiquer d'une façon quelque peu précise ; mais ils se compteraient par centaines et peut-être par milliers. Pour confirmer nos appréciations, nous ne citerons ici que deux témoignages de témoins oculaires.

Déclaration d'un Ambassadeur

Voici d'abord un document officiel et public.

Lorsque Pékin eut été délivré, le 14 août 1900, l'une des premières dépêches de l'Ambassadeur des Etats-Unis fut adressée aux missionnaires.

« Au moment, dit cette lettre, où nous venons d'être si providentiellement sauvés du massacre qui nous menaçait, je voudrais exprimer à tous et à chacun de vous le sentiment que le corps diplomatique tout entier partage avec moi, savoir celui d'une profonde reconnaissance pour les services que vous et les chrétiens indigènes, qui étaient vos subordonnés, nous avez rendus et qui ont si puissamment contribué à notre préservation.

« Sans les combinaisons habilement conçues par les Chinois et exécutées par eux sans aucune plainte, je crois que notre salut eût été impossible. J'espère et crois que Dieu se réserve de justifier ses desseins toujours sages, et que les sacrifices et les dangers que vous avez supportés, contribueront un jour, d'une manière à nous encore inconnue, au bien spirituel et temporel du peuple auquel vous avez si noblement consacré vos vies ».

Signé : E.-H. CONGER.

Le Journal d'un Employé des douanes

Si l'on prétendait que cette appréciation a été dictée par une sympathie personnelle pour les missionnaires américains, nous citerons un témoignage que personne ne saurait taxer de partialité nationale, mais que nous voudrions faire précéder d'une observation. Le monde entier a été préoccupé avec angoisse, pendant les mois de l'été 1900, du sort terrible du personnel des légations de Pékin, qui semblaient devoir fatalement succomber sous le nombre des assaillants.

Si la Providence de Dieu a admirablement soutenu le courage militaire des ambassadeurs chrétiens et des vaillants japonais qui les défendaient, alors que, chaque jour, on annonçait et décrivait même dans nos journaux, la mort, le suicide, le meurtre de nos représentants, cette défense mémorable et le fait qu'aucun des missionnaires réfugiés dans les ambassades n'a succombé, ont été dus, peut-être plus qu'on ne le sait, à la présence de *centaines* ou d'un *millier* de chrétiens indigènes, qui, tombés entre les mains de Boxers, auraient été atrocement massacrés, sans utilité pour personne et dont la fin cruelle aurait déchaîné peut-être des accusations et des blasphèmes contre la Providence.

Le journal quotidien du siège des légations de Pékin, tenu jour par jour par un employé allemand de la douane, du 27 mai au 14 août, date de l'arrivée à Pékin des premiers Sicks de l'armée anglaise et publié dans le *Lloyd de l'Asie orientale*, contient ce qui suit :

« Constamment nous arrivent des torrents de « chrétiens blessés », femmes, enfants, vieillards, prêtres français, sœurs de charité. Les Boxers doivent avoir traité ces gens avec la dernière cruauté.

« Les blessés sont affreusement brûlés ; je panse les plaies de plusieurs vieillards. La plupart ont des blessures de tête profondes, allant jusqu'à l'os et pullulant de vers et de mouches. Notre concierge et le maître d'hôtel arrivent en larmes ; l'un a perdu 4, l'autre 11 membres de sa famille. On dit que, dans le Tungtang, 300 chrétiens, qui rentraient de la campagne en ville, ont été pris et brûlés.

« Une dame russe prenait pitié d'un Boxer, *jeune homme âgé de 16 ans*, qui allait être fusillé, avec six autres, par les Russes ; certes il n'en valait pas la peine ; ce drôle de 16 ans prenait plaisir à saisir les enfants et à les tourmenter jusqu'à la mort. On a trouvé sur un tas 14 cadavres de femmes brûlées.

« Il était touchant de voir un brave homme de 70 ans qui portait sur le dos sa vieille mère, âgée d'environ 100 ans. Quoique souffrant de plusieurs blessures et n'en pouvant plus d'épuisement, il n'était occupé que de sa vieille mère. Les soldats anglais ont ramené près de 100 fugitifs, et c'est vraiment réconfortant d'entendre comment des hommes âgés, blessés et voués à la mort, consolent les jeunes chrétiens de leur entourage et les fortifient

dans la foi : Hsiang-t'ien-chu « Pensez à Dieu »,
c'est la parole qu'on entend constamment retentir
au milieu d'eux.

« *C'est ici qu'on apprend ce que veut dire le mot
de* martyr, dans sa signification **authentique et
sublime.** »

Telle est l'impression qu'ont faite sur l'employé
de la douane impériale chinoise, M. Bismark, les
chrétiens indigènes réfugiés et nourris dans la
légation de Pékin. Que valent, en face de ces
impressions prises sur le fait, les insultes des jour-
nalistes ennemis de la mission, répétant que les
chrétiens chinois ne valent rien ?

M. Bismark ajoute, en date du 27 juillet : « Un
messager, que nous avions envoyé au général
Yung-Lu, nous dit que « l'impératrice est en
« grande colère contre les Boxers ; mais unique-
« ment parce qu'ils n'ont pas exécuté ses ordres,
« qui étaient de tuer tous les étrangers et tous les
« chrétiens. »

« Quant aux mille et plus de chrétiens chinois,
réfugiés dans nos légations, s'ils ne sont pas tous
massacrés, il est bien à craindre que la maladie
ou quelque épidémie ne les emporte, tant ils sont
entassés. »

Les causes du mouvement chinois

Tout semble avoir été dit sur les causes du terrible mouvement chinois de la dernière année du siècle.

Pour en bien saisir la portée, il faudrait pouvoir pénétrer dans l'esprit du peuple chinois, dont toute l'existence morale se concentre dans le respect du passé, et dans l'horreur de tout changement, qu'il regarde comme une impiété. Il lui importera beaucoup plus de savoir comment mangeait Confucius, quel costume il portait, comment il distribuait sa journée et ses heures, que de connaître quelle est la plus grande puissance politique du monde, ce que sont les chemins de fer ou les télégraphes électriques, ou telle autre invention nouvelle : tout cela l'inquiète fort peu.

Pour lui le monde entier est ensorcelé par des causes occultes et la question militaire n'est pas de savoir si les Boxers ont des fusils *Lebel*, des *Chassepot* ou des *Mauser* ; l'important est de posséder leur secret de devenir invulnérables, de connaître les formules magiques par lesquelles ils allument du feu à distance.

Il aura en horreur la cathédrale catholique de

Canton avec ses deux tours, jusqu'à ce que le plus grand connaisseur du « Feng-Chui » (1) ait déclaré que, loin de nuire, la cathédrale était nécessaire à la prospérité de la cité, Canton étant la ville du Bélier et ayant manqué jusqu'ici de deux cornes, lacune à laquelle les deux clochers catholiques suppléent admirablement. L'oracle, grassement payé, fermera la bouche au peuple en révolte et tout rentrera dans l'ordre !

Comment ce peuple, pour lequel le vrai sanctuaire est le portique des ancêtres, et la seule autorité le passé, comment cette nation, dont l'orgueil n'a connu jusqu'ici aucune borne, pourra-t-elle être enfin arrachée à son invincible horreur pour le progrès ?

La force seule peut abattre les travaux avancés de la défense ; et la complète défaite de la Chine par le Japon ayant été rendue presque inutile par les rapports mensongers des gouvernants, il a fallu de nouvelles et plus terribles expériences, qui ont mis cette fois en vedette et placé au premier rang la question religieuse.

En Chine comme en France, une main invisible force la population à s'occuper des problèmes qui

(1) Science de l'eau et du vent.

regardent la religion : à Paris, un organe du parti le plus hostile à l'état actuel des choses, écrivait l'autre jour : « Le patriotisme est une force trop « mesquine pour relever la France ; le groupement « des bons esprits autour de la religion pourra « seul lui rendre la santé. »

Dieu a certainement en réserve des moyens inattendus de forcer ce cinquième du genre humain à regarder enfin en haut, non pour observer le vent ou chercher « le dragon vert ou le tigre blanc », mais pour chercher la vérité vraie, la volonté de Dieu et ses intentions sages et miséricordieuses.

L'éditeur de la *Revue Missionnaire* de Shanghaï, *William Cornaby*, a publié, en novembre, 40 thèses sur le sujet des troubles chinois ; nous y relevons les causes suivantes comme principales :

1° Le manque de solidité morale de tous, même des meilleurs employés, même des meilleurs vice-rois de la Chine ;

2° L'imprudence que commettent les chrétiens, en publiant continuellement des cartes comparatives de la Chine avec nos contrées, faisant ressortir la grandeur de l'Empire chinois ;

3° L'ignorance profonde de la plupart de ceux qui écrivent sur la Chine ;

Et, comme causes prochaines et décisives :

1° Le souvenir du sac du Palais d'été par les Anglais, en 1860.

2° La prise de Kiaochou par les Allemands et les autres conquêtes des Européens.

3° La guerre du Transvaal et la faiblesse supposée de l'Angleterre.

4° Les grossiers traitements que les étrangers font subir aux Chinois dans les ports ouverts au commerce par les traités.

5° La pression qu'ont exercée les missionnaires romains dans les procès et les questions légales, surtout dans les campagnes, menaçant d'intervention politique, compromettant la paix et exerçant leur puissance même sur la population païenne des classes inférieures.

Nos Responsabilités

A côté de ces causes, comment ne pas insister sur les responsabilités écrasantes qui pèsent sur les nations soi-disant chrétiennes ?

Est-il vrai que l'*Angleterre* a introduit en Chine, une demi-tonne d'opium par heure depuis 60 ans ?

Est-il vrai que, lorsqu'en 1839 l'empereur Tao-Kwang envoya Liu, son commissaire, mettre fin à l'introduction de l'opium à Canton, il avait eu trois fils physiquement et moralement ruinés par l'opium? Liu jeta alors dans la mer 20.283 caisses d'opium, et la guerre s'en suivit.

Est-il vrai, qu'aujourd'hui encore, *les Portugais* continuent à Macao une sorte de traite des esclaves, vendant et envoyant au loin des coolies chinois, qui souvent sont de vrais captifs ?

Est-il vrai, que *les Américains* ont traité les Chinois en Californie avec un mépris et un sans-gêne, qui auraient provoqué autre part une guerre de race ?

Même *les Hollandais* n'ont pas agi en Chine comme les représentants d'une nation chrétienne.

Quant aux *Allemands*, le *Lloyd de l'Asie Orientale* disait dans son numéro 24, du 15 juin 1900 :

« Pour avoir passé au galop à travers les villages, armé de pied en cap, criant quelques phrases en langue inconnue, faisant trembler les villageois, le prétendu émissaire de la civilisation ne doit pas s'imaginer avoir ouvert la Chine au commerce ou à l'industrie allemande.

« Il est aisé de décharger un pistolet; mais les conséquences d'un seul coup ne s'arrêtent pas de si tôt; les attroupements se forment; les injures et les pierres volent, et l'Européen qui montre un

si grand courage, en usant du pistolet Mauser, —
ce qui arrive constamment —, n'a prouvé autre
chose que sa profonde ignorance des vrais problèmes qui sont posés devant nous. »

Est-il vrai que les canonnières *françaises* ont
bombardé l'un des ports, parce que deux hommes
y avaient été tués?

Est-il vrai que les *Russes* ont bombardé à Takou
300 infortunés coolies, qui n'étaient pas même
coupables d'avoir levé une pierre contre qui que ce
soit, ainsi que le raconte avec horreur le docteur
Dillon, dans son article : « Le Loup chinois et
l'Agneau européen » dans la *Contemporary Review*
de janvier 1901 ?

Les Russes ont-ils pu nier les massacres horribles de Blagovestschensk? Qu'on juge par là de la
façon dont ils traitent les Chinois !

Les missions protestantes en Chine

Il sera utile de donner ici quelques dates et
chiffres précis à ce sujet. Il nous faut remonter
pour cela aux débuts de la mission chinoise, au
commencement du siècle passé. C'est en 1807 que
Morrison commença son travail de traduction, étu-
diant le chinois et préparant son dictionnaire et sa

version de la Bible, sous la direction d'un professeur, devenu plus tard chrétien, nommé Léang Afa.

Trente-cinq ans plus tard, en 1842, on ne comptait encore que *6 Chinois* convertis, mais

En 1877 les 6 étaient devenus........   13.035
En 1890...............................   37.287
En 1900, les communiants étaient....   100.000

Ajoutons les catéchumènes et les auditeurs régu-
liers et nous arrivons probablement à 250.000.

Le personnel missionnaire était, dans l'année
1899, de 1.090 hommes, 746 épouses, 710 femmes
célibataires, 122 docteurs hommes et 59 docteurs
femmes.

C'est un total de 2.727 ouvriers, dirigés par 44
Sociétés. Ces chiffres et ces dates demandent une
interprétation.

Pour mesurer une force, il ne suffit pas, en effet,
d'en indiquer la vitesse, il faut encore connaître
et la masse du corps qui se meut et la résistance
qui lui est opposée. Quant à la vitesse, nous pourrions dire que, pendant les dix dernières années,
le nombre des chrétiens s'est augmenté plus rapidement que pendant tout le demi-siècle précédent.

Mais, quant à la résistance, il faut se souvenir
que nous nous trouvons placés devant une muraille de superstitions, de préjugés, de traditions,

d'orgueil de race, de caste et de famille, bien autrement épaisse que la muraille de la Chine, longue
de 800 lieues, massive de 160.000.000 de m. c.

Il faut nous rappeler que l'Empire du Milieu est
dominé, du nord au midi et de l'est à l'ouest, par
une caste de lettrés, dont le principal mérite est de
connaitre tout le passé et d'être opposés à toute
marche en avant.

En 1898, la Société géographique d'Angleterre
publia un Atlas historique, montrant les frontières
politiques successives des dynasties chinoises, à
commencer par l'année 2205 avant l'ère chrétienne
jusqu'au xixe siècle. Voilà donc, si nous en croyons
les érudits, une civilisation ancienne de 40 siècles.

Le gentilhomme français, anglais ou allemand
promène ses hôtes dans la galerie où sont suspen-
dus les portraits de ses ancêtres et y puise une
légitime, ou tout au moins une fort excusable satis-
faction. Or tout Chinois bien né a ainsi une expo-
sition des noms de ses ancêtres, auxquels il offre
l'encens; et l'orgueil national est l'addition de millions d'orgueils de famille, accumulés et appuyés
l'un sur l'autre, depuis des milliers d'années. Pour
renverser de pareilles forteresses, il ne faut pas
moins que la puissance de Dieu et la foi qui trans-
porte les montagnes! Et cependant en face de ces

montagnes d'obstacles, n'est-il pas déjà bien encourageant de constater que la mission protestante, qui comptait en 1843 six convertis, compte aujourd'hui 100.000 communiants et près de 150.000 adeptes?

Les Débuts de la Persécution

Bien qu'on s'accorde à répéter, que le Chinois est d'une grande tolérance, il ne s'est presque pas passé un siècle en Chine sans persécution. Depuis les édits publiés, de 1746 à 1773, contre les Jésuites, sous l'empereur Kun-Lung, le danger de converser avec un étranger était tel, qu'en 1807, le maître de langue du missionnaire Morrison portait toujours sur lui un flacon de poison, pour l'avaler en cas de surprise. Depuis l'ouverture des cinq ports, par le traité de 1843, et de tout le pays, par celui de 1860, les missionnaires avaient été souvent attaqués par la foule. On se souvient, en particulier, du massacre de Tien-Tsin, le 21 juin 1870, dans lequel périrent neuf sœurs de charité françaises, le consul et un prêtre français, et, de plus, trois Russes. L'édit impérial du 21 juin 1900, rédigé par Yü Lu, y fait allusion dans les termes suivants : « chaque concession faite par la Chine aux étran- « gers, a augmenté leur confiance dans la force

« brutale, et c'est de là que sont nés les incendies
« des chapelles et la mort des convertis frappés
« par le patriotisme des braves. » L'annexion de
territoires chinois par les puissances européennes
et surtout celle de Kiaochou déchaîna d'une manière toute nouvelle la haine de l'étranger, et
réveilla le patriotisme endormi de la multitude.
« Où allez-vous ? » demandait-on aux soldats chinois en marche ; et eux de répondre aussitôt :
« Nous allons chasser les Allemands du Chan-
toung. »

C'est dans cette province qu'eurent lieu les premières attaques des Boxers ; et l'une des premières
victimes fut le Rév. S. P. Brook, de la S. P. G.,
tué la veille du premier janvier 1900.

Les stations de l'A. B. C. à Pang-Chuang, Tung-
Cho et Lin-Ching furent attaquées dès le mois de
septembre 1899. Dans une d'elles les missionnaires
eurent la bonne inspiration d'envoyer aux mandarins un inventaire exact des propriétés de la
mission et de les rendre responsables de leur con-
servation ; cette mesure eut un excellent effet.

Quant à la grande société de Hudson Taylor
(C. I. M.), qui commençait ses opérations en 1866
et qui dirige actuellement un personnel de 800
ouvriers, de race blanche, elle n'avait jamais eu

un seul de ses missionnaires tué avant 1898, lorsque M. W. S. Flemeng, ancien marin, converti dans un théâtre d'Adélaïde en Australie, fut assassiné à l'âge d'une trentaine d'années, le 4 novembre 1898, à Pang-Haï, où il travaillait avec succès parmi les Miaoz, population aborigène de la Chine.

Nous avons déjà indiqué que c'est cette même Société qui a le plus souffert, non parce qu'elle aurait eu l'imprudence de laisser des femmes seules dans quelque station, vu que nulle part la protection des hommes n'a garanti les stations ; bien moins encore parce qu'elle aurait provoqué plus de haines que d'autres ; mais tout simplement à cause du nombre de ses ouvriers, qui dépasse de beaucoup celui de toutes les autres et parce qu'elle s'est interdit de s'établir sur la côte et a voulu rester fidèle à son titre : « Mission des Provinces intérieures de la Chine » (C. I. M.).

La Préparation

Le courage et la foi des fidèles furent remarquablement retrempés pour la lutte, dès le commencement de 1900.

« Un réveil se manifesta, écrit M. Judson Smith,

dès les premiers mois de 1900. Dans la station où ont été établies nos écoles supérieures, Tung-Cho, ce fut un mouvement religieux tel, que ni cette station, ni aucune autre de notre mission en Chine n'en avait jamais ressenti auparavant. Ceux qui vivaient déjà de la vraie vie chrétienne, furent profondément remués et amenés à sentir, mieux que par le passé, les réalités divines, à les contempler, à se consacrer et à se dire qu'ils étaient entrés dans une nouvelle époque de leur vie ; les missionnaires eux-mêmes eurent leur riche part de ce bienfait et furent remplis de la plus ardente espérance de voir le mouvement s'étendre à tout notre champ chinois. La bénédiction se communiqua aux fidèles de Pékin et de Paotingfou, comme une préparation spéciale et céleste aux brûlantes épreuves qu'allait traverser l'Église indigène : car l'attaque contre elle commença presque immédiatement après. » (Miss. Herald, nov. 1900). Le premier établissement attaqué et détruit fut le collège de Tung-Cho, où avait commencé le réveil.

On verra plus loin, que le surintendant de la Mission (C. I. M.), M. W. Cooper, se sentit particulièrement appelé à visiter les principaux centres du Chansi pour préparer les fidèles à la souffrance.

Quant aux missionnaires en général, on jugera

de leur disposition par la lettre suivante qu'écrivait de Tung-Cho, en date du 1er juin 1900, le docteur Ament à sa femme.

Le Dr Ament, rédacteur d'un journal chrétien chinois, est le Président du collège, ou académie chinoise de Tung-Cho, contre laquelle se déchaîna la haine des ennemis.

« Jusqu'ici, écrit-il, les Boxers n'ont rien fait à nos personnes. Mais l'œuvre de Pékin a terriblement souffert et Dieu seul sait, quand elle s'en remettra. Partout nos chrétiens sont en fuite. Il est évident que les Boxers préparent un soulèvement général ; notre chapelle de Nan-Hung est devenue un de leurs quartiers généraux.

« Nous avons eu d'excellentes réunions cette année. Nos esprits et nos cœurs jouissent d'une paix toute céleste ; et, si les Boxers mettaient fin à notre vie, je crois que la plupart d'entre nous entreraient, triomphants, dans un monde meilleur. L'arrivée de Pen-Yuan et de Neu-Shuu (sortis du séminaire théologique) est un grand secours pour la station et nous nous sentons plus forts que jamais.

« Les Boxers se réunissent par milliers ; ils paraissent surtout en vouloir aux catholiques et ne tuent guère de nos fidèles. Nous vivons dans des temps troublés. Je suis heureux que ces angoisses te soient épargnées. Lorsque les Boxers auront tué tous les chrétiens indigènes, ils en finiront avec les étrangers, disent-ils. Nous ne pourrions rien contre ces dizaines de milliers, si un jour ils avaient le courage de nous attaquer. Notre confiance est en Dieu qui seul peut gouverner les hommes. Il y a déjà eu tant de délivrances miraculeuses, que nous croyons que Dieu combat pour nous ; nous nous remettons entre ses mains. Personnellement, il me serait facile de m'échapper, mais je ne me mettrai pas à l'abri, tant que les femmes et les enfants seront en danger. Nous résisterons, ou nous tomberons tous ensemble..... Nous avons célébré la Sainte-Cène ce soir et nos âmes ont été apaisées par ce contact avec l'âme sainte du Christ. Le parfum sacré de sa vie semblait remplir la chambre ; et, pour un moment, les bruits et les tourments de la terre s'évanouirent dans la contemplation de la gloire de notre Sauveur. Nous avons là un lieu de refuge que nul ne peut envahir et nous sommes en sûreté avec lui. Ne te fais pas de souci à mon sujet, et ne crois pas les télégrammes, à moins de raisons suffisantes. Si nous sommes pris comme les missionnaires des Indes en 1857, le chemin de la gloire nous sera ouvert sans retard. Que nous partions plus ou moins tôt, cela importe peu.

« Dieu règne et nous ne pouvons que nous re-
mettre à ses soins. Nous sommes en danger, cela
est évident et tous s'en rendent compte. « L'enfer
peut s'ouvrir » à chaque instant. Des milliers n'at-
tendent qu'un signal. J'écrirai aussi souvent que
possible pour te tenir au courant. »

Les Martyrs du Petchili

C'est dans cette province que commença la lutte
ouverte des Chinois contre les puissances. Après le
Rév. Brook, les deux premières victimes furent,
dans le Tchili, les missionnaires C. Robinson et
H.-V. Norman, de la Société épiscopale (S. P. G.).
Robinson succomba au premier coup ; mais le Rév.
Norman, avant d'être décapité, fut torturé pendant
vingt-quatre heures de suite. Les détails sont trop
horribles pour être publiés ; on lui attacha les mains
derrière le dos et lui brûla le corps avec des morceaux d'encens allumés. Ces atrocités, commises
sur les deux missionnaires, les 1er et 2 juin, commencèrent à ouvrir les yeux aux ambassadeurs de
Pékin sur l'étendue du mouvement des Boxers et
sur la gravité de la situation. Les journaux ont
tenu les lecteurs au courant des faits militaires de
Tientsin, de Takou et de Pékin. M. Mills écrivait de

Tientsin, en date du 24 juillet : « Les Boxers ont attaqué le quartier européen dès l'aube du 16 juin 1900. Ils commencèrent par brûler la chapelle de la Société de Londres. Nous ne songions pas alors, que le gouvernement chinois allait oser s'attaquer au monde entier ; mais à une heure, l'arsenal chinois ouvrit le feu contre notre quartier.

« Femmes et enfants, épouvantés, coururent se réfugier au grand portique de Gordon, notre plus solide construction ; mais l'ennemi le prit spécialement pour point de mire de ses obus ; il fallut se mettre aussitôt au soin des blessés. Les balles et les boulets sifflant de tous côtés et entrant par toutes les fenêtres, il nous semblait être à la première ligne de bataille. Ce furent des jours terribles, où chacun de nous se sentait placé en face de l'éternité ; car tout ce qui peut être ébranlé était secoué. Heureux ceux qui se savaient, par la foi, en possession du royaume qui ne peut être ébranlé ! Enfin, après une semaine entière, le samedi 23 juin, arriva le secours, et le mot de délivrance a pris pour moi dès lors un sens tout nouveau. Le temps ne me permet pas plus de détails. Puissions-nous être rassurés sur nos amis de Paotingfou et de Pékin ! »

Toute communication avec Pékin fut bientôt interrompue, et ce n'est que le 14 août que parurent les premières têtes de colonne de l'armée alliée.

Le récit du Dr Morrison a retracé vivement les scènes de massacre et de défense du commencement du siège des légations.

Lettre du Dr Morrison

Pékin, 15 octobre 1900.

« Le 14 juin, à la nuit tombante, des cris affreux retentirent dans la ville, cris diaboliques, inoubliables, les cris des Boxers : *Sha kuei tsz*. Mort aux diables ! mêlés aux plaintes des victimes, aux gémissements des agonisants. Les Boxers, traversant la ville entière, massacraient les chrétiens indigènes ou les brûlaient vifs dans leurs maisons. Le premier bâtiment incendié fut la chapelle de la Mission Méthodiste, puis Tung-tang, la cathédrale à l'est, puis la vieille église grecque ; les bâtiments de la Société de Londres, de l'American Board, de la Douane Impériale, flambèrent dans la nuit. Quel spectacle terrifiant !...

« Le 15, des troupes de sauveteurs furent envoyées par les légations américaine, russe, anglaise et allemande pour découvrir si possible, parmi les décombres fumants, des chrétiens encore vivants. Tandis que des Boxers couverts de sang, après avoir massacré toute la nuit, erraient encore dans les rues et que des corps affreusement mutilés gisaient de tous côtés, les envoyés des légations, guidés par des chrétiens indigènes dans les labyrinthes inextricables que forment les rues de ce quartier de Nan-t'-ang, appelaient les chrétiens hors de leurs cachettes..... Le lendemain 16, une nouvelle patrouille, accompagnée de Japonais et de l'attaché militaire, le lieutenant-colonel Sheba, recommença les fouilles dans l'est de la ville. Mais, hélas ! tous nos appels restèrent sans réponse !

« Tandis que la patrouille passait devant un temple taoïste, lieu de réunion bien connu des Boxers, elle fut arrêtée par les cris qui en sortaient. Pénétrant de force à l'intérieur, les soldats aperçurent des chrétiens indigènes qui, les mains liées derrière le dos, attendaient la torture et la mort auprès des cadavres de leurs compagnons, tous indignement mutilés. Leurs persécuteurs étaient en train de brûler de l'encens, qui devait accompagner le sacrifice des chrétiens à leurs divinités courroucées...

« La canonnade recommença le lendemain avec rage. Les ennemis se rapprochaient des réfugiés chrétiens, les maudissaient du haut des murailles, leur lançaient des pierres et des matières explosibles. Ce ne fut qu'après l'armistice que nous découvrîmes que l'ordre de tuer et de brûler tous les convertis était venu des autorités suprèmes du pays. »

Martyrs de Paotingfou

Tandis que Pékin était le théâtre de tant de désastres et de si beaux dévouements, les missionnaires américains de Paotingfou, se fiant aux bonnes relations qu'ils entretenaient avec les autorités chinoises locales, n'avaient pas voulu quitter leurs fidèles, effrayés par des bruits sinistres. Paotingfou, ville principale de la province et point terminus du chemin de fer, semblant plus sûre qu'une autre ville, ils s'y attardèrent, jusqu'à ce que toute issue fût fermée.

Le massacre révoltant qui suivit a dû être accompli sur les ordres exprès du gouverneur mandchou, nommé Ting-Yung. En effet, c'est chez lui que les étrangers s'étaient réfugiés, et c'est lui qui insista, paraît-il, pour qu'ils retournent dans leurs demeures. Nous ignorons le nombre des catholiques qui rentrèrent dans leur mission ; les noms des missionnaires presbytériens qui furent tués sont : le Rév. F.-E. Simcox, sa femme et ses trois enfants ; le Dr G.-Y. Taylor ; le Dr C.-V. Hodge et sa femme.

Le Dr Taylor essaya de parler à la foule, mais les Boxers le saisirent et le taillèrent en pièces devant la maison. Quelques-uns racontent qu'après lui avoir tranché la tête, ils la placèrent comme offrande dans leur temple, devant leur idole. M. Taylor était connu de tous, pour son habileté et son savoir. Les autres missionnaires périrent dans les flammes, la foule ayant mis le feu à leur demeure. Après l'entrée des alliés à Paotingfou, on a trouvé encore sous la cendre les restes calcinés d'une victime. Quant aux chrétiens indigènes, tous ceux dont on put se saisir furent impitoyablement égorgés.

Ce massacre de la mission presbytérienne, accompli dans la partie nord de la ville, fut bientôt rapporté aux missionnaires de l'A. B. C. et de la C. I. M. qui en habitaient la partie sud. Prévoyant que le même sort les attendait à brève échéance, les missionnaires de l'A. B. C. réunirent leurs convertis chinois et passèrent avec eux la nuit en prière. Ils écrivirent encore, le dimanche 1er juillet, au petit jour, leurs lettres d'adieux à leurs familles; les déposèrent dans une cachette connue des seuls héroïques convertis chinois et, après le suprême adieu, ils leur recommandèrent de pourvoir à leur propre sécurité. Après quoi ils se préparèrent calmement au sacrifice de leurs vies.

1° C'était d'abord M. Horace T. Pitkin, l'ancien secrétaire, zélé et actif, du mouvement volontaire des étudiants ; il avait fait de sa chambre, au Collège de Yale, le quartier général des amis des missions. Son collègue M. Ewïng écrit : « La perte de ce frère ne saurait être mesurée ; il s'était particulièrement occupé de développer la musique dans les écoles, et son sens pratique se faisait sentir partout. Pour lui, la conscience n'était pas un vain mot. Les élèves de son école apprenaient à l'aimer tous les jours davantage ; et l'on peut dire que lui-même portait chaque station sur son cœur par la prière. »

Nous l'avons dit, ce fut le dimanche 1ᵉʳ juillet, à 9 heures du matin, qu'arrivèrent les émeutiers ; ils pillèrent d'abord le rez-de-chaussée ; mais, trop lâches pour pénétrer dans la chambre où M. Pitkin se préparait à défendre vaillamment ses deux compagnes de danger, ils appelèrent à leur aide les Boxers. M. Pitkin se défendit comme un lion ; on dit qu'il ne succomba qu'après avoir renversé douze Boxers, et, parmi eux, le second chef de toute leur organisation. Blessé d'une balle dans le côté, il fut taillé en pièces par la foule en furie et décapité. Malheureusement, ses lettres furent découvertes et détruites.

2° La seconde victime fut Mˡˡᵉ Marie Morrill, âgée

de trente-six ans, qui dirigeait depuis 1889, à Paotingfou, une sorte d'école normale d'hommes et de femmes se préparant à devenir évangélistes. Elle était douée d'une remarquable ténacité de travail; ni migraine, ni ardeur du soleil ne l'arrêtaient jamais. Pleine de bonne humeur et d'entrain, elle savait toujours découvrir quelque bon côté dans les objets de ses travaux de charité, quelque repoussants qu'ils fussent pour d'autres.

3° Miss Gould, élève distinguée du séminaire de Holyoak, fondé par Mary Lyon, s'était rendue, il y a sept ans, à Paotingfou pour diriger l'école de filles ; elle complétait admirablement son amie Mlle Morrill ; elle était l'amie de ses élèves et allait souvent faire des séjours dans leurs maisons. Miss Gould, étant d'une certaine faiblesse nerveuse, succomba heureusement à la crainte et à l'angoisse, avant même d'avoir été atteinte par le fer des Boxers.

Il en fut autrement de son excellente amie miss Morrill, peut-être mieux qu'elle préparée et habituée à la souffrance, et au sujet de laquelle le secrétaire de la mission, M. Smith, écrivait : « Ses lettres « ressemblaient vraiment à celles de Jacques ou « de Pierre, tant elles étaient pleines de piété, de « zèle, et entièrement éloignées de toute recherche « d'elle-même. »

Quand elle eut été prise, les ennemis la transportèrent en triomphe au temple, qui leur servait de quartier général, et là, à l'entrée du temple, elle fut exposée pendant tout le dimanche, avec M. et Mme Bagnall, leur fillette et le Rév. W. Cooper, aux insultes et à la brutalité de la populace. Le soir venu, ils furent tous conduits hors de la ville et décapités.

4° Paotingfou n'appartenant pas aux provinces de l'intérieur, la C. I. M. s'était bornée à y établir une famille expérimentée et hospitalière, chargée de recevoir et de diriger les missionnaires à leur passage vers l'intérieur : c'était celle de M. Bagnall, depuis 1873 agent de la Société biblique d'Amérique, puis missionnaire de la C. I. M. Il avait rencontré une femme d'élite en Mlle Emilie Kingsbury, et ces deux époux, chargés de la surintendance de la mission du Chansi, y avaient développé une activité bénie. Rentrés en Angleterre, pour quelques mois, M. Bagnall, après dix-neuf, Madame, après douze ans d'un travail ininterrompu, ils étaient revenus ensemble en Chine en 1892.

Un homme qui a travaillé avec M. Bagnall pendant 24 ans, écrit ce qui suit : « Il possédait dans une rare mesure une grâce bien rare, celle de regarder les autres comme plus excellents que lui-même. Il était plein d'égards envers les Chinois et rempli de sympathie pour les chrétiens faibles. Il a travaillé de toutes ses forces, avec un continuel oubli de lui-même, dans les conditions les plus difficiles, portant de grandes responsabilités, et secondé par une femme qui était en tout sa digne compagne.

« Ma vie, écrivait-elle après quelques années, a été heureuse pendant ces cinq premières années de mon activité en Chine ». Le mot « heureuse » indique, en effet, le trait distinctif de son caractère et de sa physionomie ; jamais elle ne semblait trouver les choses difficiles. Quand le couple revint à sa résidence de Taï-Yuan-fou, en dépit de la longueur du voyage, malgré le froid, la glace, la saleté des rues, et tout le manque de confort, Mme Bagnall sembla rentrer dans sa vraie patrie, tant elle était joyeuse de retrouver son *home*, ses amies chinoises et son œuvre. Transportés à Paotingfou, le mari et la femme se donnèrent en entier à la tâche de recevoir les missionnaires en partance pour l'intérieur. « Leur hospitalité était si cordiale, leurs âmes si sympathiques et bienveillantes, qu'on n'aurait pu trouver des êtres plus adaptés à une telle mission. » C'est là, dans Paotingfou, vers le 1er juillet, qu'ils ont terminé ensemble leur carrière par le martyre. Leur charmante fillette, Gladys, les a seule accompagnés dans l'éternité ; mais leurs deux fils, William et Howard, qui étaient en pension à Chefou, au moment de la catastrophe, leur ont survécu.

5° Avec eux a succombé leur excellent ami William Cooper. La mort de cet ouvrier d'élite est une des pertes les plus cruelles qu'ait faites la C. I. M., ou Société des provinces de l'intérieur.

Son discours d'adieu, adressé le 18 novembre 1880 aux jeunes gens réunis sous la présidence de sir George Williams, le fera connaître mieux que des généralités.

Citons-en quelques mots : « Ayant été assez long-temps secrétaire de l'Union chrétienne de Gourock, jeune encore aujourd'hui, je suis heureux de pouvoir me recommander aux prières de mes compagnons de jeunesse Je vous dirai, en quelques mots, comment j'ai reçu, je crois pouvoir dire de Dieu même, l'appel pour la Chine. Il n'y a guère que trois ans que j'appris à m'occuper sérieusement des missions. J'étais alors dans les affaires, mais consacrais mes soirées à l'évangélisation. Je reçus à ce moment le sermon de Spurgeon intitulé l'*Appel divin à l'Œuvre des missions*. Le texte en est Esaïe VI, 8, où le prophète entend Dieu lui dire : Qui enverrai-je, et qui ira pour nous ? et répond :

Me voici, Seigneur, envoie-moi ! Je sentis que Dieu répétait pour ainsi dire cette question au fond de mon âme ; mais je n'étais guère disposé à répondre comme Esaïe. Je m'en sentais incapable ; car je disais encore, comme Esaïe au commencement de sa vie : « Je suis un homme souillé de lèvres ». Je n'avais de repos ni jour ni nuit ; je lisais et relisais le sermon. Enfin je parvins à me placer sur l'autel et à me consacrer au service de Dieu. Le prédicateur disait, dans son sermon : « Je ne m'étonnerais pas, si cent jeunes gens répondaient à mon appel. Heureusement je suis l'un de ces cent ; et ceux qui m'entendent, aideront, je l'espère, à compléter la centaine ». (Dans la même séance on apprit qu'un second missionnaire avait été décidé comme moi par le même sermon et était déjà actif en Chine).

W. Cooper continue en disant : « Le journal de M. Hudson Taylor me persuada qu'aucun champ n'a plus besoin d'ouvriers, que l'immense empire chinois et, depuis que j'ai pris ma décision, mon âme a prospéré ; je sens chaque jour davantage la présence de Dieu et son action, qui me prépare pour mon œuvre. Soyez fidèles dans vos plus petits devoirs, c'est le plus sûr moyen de devenir capables d'en accomplir de plus grands. Demandez aussi qu'en Chine nous puissions former bientôt des Unions chrétiennes, qui nous envoient, même ici, leurs délégués ».

Arrivé à Shangahï en 1880, il se mit aussitôt à l'étude de la langue, dans la ville de Gan-King, province du Gan-Vouy. Une maladie fort sérieuse le mit de nouveau à l'épreuve ; il se rétablit, travailla avec fruit à Wouchang, dans le Hupéh, et fut ensuite promu au poste de surveillant de la mission.

« Pour ceux qui l'ont connu de près, dit un de
« ses amis, les paroles ne suffiront jamais à expri-
« mer la calme et profonde impression que nous
« laisse cette belle vie. Sa carrière n'a rien eu
« en apparence de brillant ni d'extraordinaire ;
« mais pour ceux dont le regard était attentif et
« l'œil ouvert, il y avait dans cette vie un trait dis-
« tinctif, c'est que notre frère avait été appelé tout
« particulièrement à la communion des souffran-
« ces de Christ, non par des événements retentis-
« sants, mais par des privations et des renonce-
« ments de détail, qui peuvent même sembler or-
« dinaires : maladies, surdité, faiblesse, un acci-
« dent de voiture qui lui ôta pour un temps la
« connaissance, maladie sérieuse de sa femme, qui
« ne put lui donner aucun soin : toute une série de
« contrariétés quotidiennes, qui nous montrent,
« une fois de plus, que c'est par une éducation

« toute simple, que Dieu sait préparer les carac-
« tères les plus élevés.

« La vie de Cooper, dit un autre, est l'une des
« plus irréprochables que j'aie jamais connue ;
« personne n'est parfait ici-bas, mais il occupait
« une place unique au milieu de nous tous ; et son
« caractère mêlé de force, de calme, de douce
« patience, de franchise et de tendre sympathie,
« semblait si réellement une image du Christ, qu'il
« laissait partout une impression ineffaçable. »

Appelé par les devoirs de son ministère à Paotingfou, il y retrouva M. et Mme Bagnall et les amis
de l'A. B. C. ; et, ainsi que nous venons de le voir,
c'est dans un commun martyre avec eux, qu'il a
terminé sa belle et noble vie. Nous pouvons certes
compatir à la douleur de sa veuve et de ses enfants,
mais, quant à lui, il a eu le bonheur et la gloire de
donner sa vie pour son Dieu et pour le peuple de
son choix.

Ses derniers mois avaient été spécialement employés à préparer ses frères aux souffrances qu'il
prévoyait ; car la famine s'annonçait terrible et lui-
même prévoyait des troubles. Après avoir visité le
midi du Chansi, il avait dirigé, les 17 et 18 mai, la
conférence de 32 missionnaires à Ping-Yang.

« Les paroles de M. Cooper, dit M. Dreyer, ont

« été pleines de force et de consolation pour nous,
« surtout celles dans lesquelles il développa les
« paroles d'Hébr. XIII, 5-6 : « Je ne te laisserai
« point, je ne t'abandonnerai point. En sorte que
« nous pouvons dire : L'Eternel est mon aide,
« c'est pourquoi je ne craindrai pas ce que pour-
« rait me faire l'homme. » Et encore : Matth. V, 10-
« 12. Ces paroles ont été un appui pour nous pen-
« dant les épreuves qui ont suivi. »

Autre part, il avait spécialement insisté sur le
contraste entre l'ancien Simon Pierre, qui dit à son
Maître : « Aie pitié de toi! » et le Pierre des
épitres, qui parle avec tant de puissance de la souffrance et de la fermeté des chrétiens.

Martyrs du Chansi

Le Chansi est la province qui confine à l'ouest
au Chensi, à l'est au Chili, au sud à la province
de Honan ; on évalue sa population à 10 ou 12 millions, et elle a une importance commerciale réelle,
vu les concessions de mines, obtenues par un syn-
dicat anglais et italien.

Quant aux missions, nous pouvons les grouper
sommairement comme suit : le sud de la province
est occupé par la mission suédoise, le centre mé-

ridional de K'u-Wu à Ping-Yao, par la C. I. M.; le centre septentrional, avec la capitale de Taï-Yuan-Fou, par les Baptistes, l'A. B. C. d'Amérique, la mission de la Chine du Nord et par une agence de la Société biblique; le nord, par la C. I. M. unie aux Suédois.

Ce centre missionnaire est celui qui a le plus souffert dans la persécution de 1900.

Aussi le Chan-Si mérite-t-il un chapitre spécial dans le martyrologe de la Chine. C'est dans cette province que, la famine aidant, la fureur du gouverneur Yü-Hsien, « le père des Boxers », qui a été, selon les journaux, exécuté le 22 février, put s'exercer librement. On sait, en effet, qu'après le meurtre du révérend Brook, commis de connivence avec Yü-Hsien qui était alors gouverneur du Shantoung, celui-ci fut mandé à Pékin, pour y être en apparence destitué et puni, mais de fait, pour être reçu avec une grande faveur par l'Impératrice et envoyé comme gouverneur dans le Chan-Si, afin d'y organiser les massacres.

Les Boxers y arrivèrent bientôt, se promenèrent en uniforme, avec leurs drapeaux qui portaient ces mots : Teng Chi Mieh Kiao — *« par ordre impérial exterminez l'Eglise »* ou la « *Religion* ».

On forma trois corps : l'un devait se battre pour

la défense de l'empire et fut expédié à Pékin ; le second fut chargé de se battre pour l'honneur des dieux attaqués par les chrétiens ; le troisième, auquel fut confiée la défense du foyer, devait rester et repousser toute attaque. Le premier chrétien frappé fut l'ancien Si, de l'église de Hong-tong, homme de réelle valeur, connu comme chrétien dans toute la contrée ; il fut blessé au côté et l'on ignore encore son sort final.

Le missionnaire docteur William Millar-Wilson partit aussitôt de Ping-yang-fou, pour aller, à une distance de 20 milles, panser sa blessure. C'était l'habitude de ce serviteur dévoué de Dieu et du prochain, de ne consulter ni ses aises, ni le temps, et d'aller, à travers la neige ou la chaleur, à quelque distance que ce fût, donner ses soins aux malades qui l'appelaient.

Le massacre de Taï-Yuan-fou.

Le docteur William Millar-Wilson, fils d'une excellente famille d'Ecosse, avait quitté, jeune encore, sa ville natale de Airdrie, où il exerçait, depuis sa tendre jeunesse, pour ne pas dire depuis son enfance, une influence chrétienne bénie. Il se sentit appelé, par les besoins de la Chine, à se vouer au travail de médecin missionnaire. Il avait épousé une femme aussi distinguée que lui par sa piété et sa culture, puisque l'un et l'autre étaient lauréats de l'Académie. Arrivé à son poste, il établit à ses propres frais, dans l'ancienne capitale du Yao, Ping-yang-fou, un hôpital et un refuge pour les victimes de l'opium ; et bientôt, à des centaines de milles à la ronde, son nom fut connu et ses soins médicaux appréciés par les chrétiens et les païens ; la position des deux époux leur permettait de recevoir avec beaucoup d'hospitalité leurs frères ; et leur maison devint un centre pour les missionnaires du voisinage.

A côté de son hôpital, il avait établi une petite école médicale, pour former des aides ; et sa dernière lettre était destinée à leur assurer une petite bibliothèque médicale.

Le jeune couple avait accepté de se séparer de ses enfants, ce qui avait fait dire à des chrétiens indigènes : « Voilà qui montre que cet homme prend sa tâche au sérieux. » Quoiqu'ils eussent décidé de retourner en Ecosse au printemps, ils restèrent à leur poste, ne pouvant abandonner leurs fidèles, à la veille de la famine qui s'annonçait. Dès que le docteur apprit que le digne ancien Si avait été la première victime des Boxers et qu'il avait reçu d'eux un coup d'épée fort grave dans le côté, il partit pour aller, à 20 milles de distance, panser sa plaie et, si possible, sauver la vie d'un membre aussi précieux de l'Eglise chinoise. La santé de Mme Wilson exigeait qu'elle quittât le Midi, et son mari l'envoya le 1er juin en avant, vers la capitale de la province, en compagnie de Mlles Stevens et Clark.

Lui-même organisa la collecte pour les affamés, y contribua par un don de 73 livres sterling, puis s'achemina pour aller. rejoindre sa femme et son enfant, sans se faire aucune illusion sur le danger qu'il allait courir avec les siens.

Guidés par les souvenirs de 1746 les ennemis des étrangers avaient fixé, pour le massacre général, le 31 octobre, neuvième jour du neuvième mois. Un ordre mystérieux, publié plusieurs mois avant les troubles, prétendait que cette date avait été arrêtée déjà par la dynastie de Ming, qui avait cessé de régner vers 1644. Mais l'impatience paraît avoir divulgué le secret et fait avancer de beaucoup la date du massacre, ce qui l'a probablement rendu beaucoup moins général et a limité d'autant le nombre des victimes. Les directeurs des missions en expriment leur gratitude envers Dieu.

Le Dr Wilson écrivait, quelques jours avant d'arriver : « Nous sommes sur un volcan et la ville où je vais est le bord même du cratère » : mais ses bien-aimés y étaient et il n'avait ni le désir, ni le moyen de reculer.

Il arriva à Taï-Yuan le 26, veille du jour où éclata l'émeute et où Mlle Coombs fut, à ce qu'il paraît, brûlée, selon d'autres lapidée au moment où elle tombait dans la rue. Le dernier renseignement qui nous parvient au sujet de la mort de Miss Coombs est le suivant : Restée en arrière pour surveiller les élèves de son école de filles, son absence ne fut pas immédiatement remarquée quand les autres missionnaires quittèrent la maison. Plusieurs de ses élèves furent tuées à coups de pied ; elle-même tomba dans les mains des Boxers et fut impitoyablement jetée dans les flammes, en dépit de ses supplications.

A Taï-Yuan se trouvait, comme nous l'indiquions, le quartier général de la Société biblique, de la Société baptiste, de l'A. B. C. et de la Société du Nord de la Chine.

L'hôpital du Docteur Edwards ayant été détruit par la populace, le 27 juin, tous les missionnaires se réfugièrent dans la maison de M. Farthing, de la Société baptiste. On apprit, à peu près en même temps, la mort cruelle de Mlles Whitchurch et Scarell à Hiao-I, et la clôture des portes de la ville, fermées par ordre du gouverneur, décidé à empêcher toute évasion des chrétiens. Plusieurs jours se passèrent en pourparlers entre les missionnaires et les autorités.

Celles-ci offraient aux dames de les faire partir en compagnie des prêtres catholiques, qui s'étaient assuré l'escorte d'un certain nombre de vrais athlètes ; on hésita ; la foule, insultante et menaçante, tantôt approchait avec bruit, tantôt se retirait, refoulée dans la rue par des gardiens que les mandarins avaient placés à la porte de la maison.

Le récit de nouveaux massacres de chrétiens indigènes avait effarouché, pour un moment, les serviteurs chinois ; mais ils se ravisèrent presque aussitôt « et serrant nos mains, les larmes aux yeux, ils nous promirent de rester avec nous, quelle que fût l'issue de la lutte ». Les chrétiens indigènes rapportent, que, le 9 juillet, sur l'ordre exprès du terrible Yu-Hsien, tous les missionnaires et plusieurs indigènes, réunis à Taï-Yan-Fou, furent conduits au Yamen, et exécutés. On parle de 30 missionnaires protestants, 10 catholiques et 10 indigènes.

Plût à Dieu que ces souffrances communes fissent entendre un solennel message d'humiliation et de paix aux chrétiens de diverses dénominations, qui s'anathématisent après avoir été contraints de souffrir pour la même cause!

Nous ajoutons ici les derniers détails qui nous sont parvenus.

« Vous savez que deux envoyés ont été chargés de faire une enquête dans le Chan-Si, pour obtenir des renseignements sur nos frères de Tai-Yuan-Fou et en particulier pour savoir, s'il en est encore de vivants. L'un de ces deux messagers était Chao-Hsia-Yun, un évangéliste distingué qui, pendant dix-huit ans, a travaillé dans le Chansi. Sa connaissance approfondie des lieux et des habitants l'avait exceptionnellement bien préparé à sa mission difficile. Mais il s'exposait aux plus grands dangers, car, sur un rayon très étendu il était connu, dans chaque village, comme un prédicateur intrépide. Tandis que personne n'osait, même pour une forte récompense, affronter le voyage périlleux, Chao s'offrit en disant : « Les missionnaires ont souffert la mort, par amour pour nous, ou si quelques-uns sont encore vivants, leur vie est en danger : c'est bien le moins que nous puissions faire, que d'exposer notre vie pour eux. Quant à la récompense, je n'en ai aucun besoin ; s'il m'était donné d'en délivrer quelques-uns, ce serait là ma récompense. » Il partit en compagnie de Wang-Ying, le fils d'un diacre, et Wang-Hsi-Yo.

Il fut décidé que Chao éviterait les endroits trop compromettants pour lui et enverrait Wang, muni de ses conseils, aux informations. Ayant quitté Ching-Chou-Fou, le 12 septembre, ils arrivèrent, le 4 octobre, à Hsio-Tien-Tzu où ils apprirent les massacres de Taï-Yuan-Fou, de la bouche de Lui-Hsi-Tei, chrétien éprouvé, qui resta auprès des missionnaires à l'heure du danger. A eux deux, ils parvinrent à retrouver T'sui-Chu-Pao, qui avait longtemps été domestique des missionnaires et qui à son tour fit venir T'sui-Lun, évangéliste de toute confiance. Ce chrétien raconta à Wang et à Lui tout ce qui était arrivé aux missionnaires; et ceux-ci firent un rapport des faits les plus saillants, rapport que j'ai entre les mains. Le voici, tel que je l'ai arrangé pour en faciliter l'intelligence.

Dernières informations sur le Massacre

Une lettre reçue au mois de juin, annonçant la destruction partielle du chemin de fer entre Pao-Ting-Fou et Pékin et le meurtre des ingénieurs belges, semble avoir été, pour les missionnaires, le premier indice de l'orage qui commençait à gronder. Yu-Hsien arriva à Taï-Yuan-Fou à la fin de mai et entra aussitôt en fonctions. À ce moment, il n'y avait nulle part le moindre signe d'agitation ; mais, en dix jours, les Boxers parvinrent à soulever tout le midi de la province.

Le 21 ou le 22 juin, M. Farthing écrivit à M. Dixon, que l'employé télégraphiste de Taï-Yuan-Fou lui avait affirmé l'arrivée par dépêche, d'un édit secret de l'Impératrice, ordonnant le massacre des Européens. « Je ne sais pas, Dixon, si cela est vrai ou « non, ajoutait M. Farthing, mais je suis prêt, et ne « crains rien. Si telle est la volonté de Dieu, je « saurai me réjouir de mourir. » Et M. Dixon, en traduisant cette lettre à Chao, lui disait : « Il en est de même de moi. »

Ce que le télégraphiste avait annoncé à M. Farthing n'était, hélas ! que trop vrai. Yu-Hsien, dans sa rage sauvage contre les étrangers, fit connaître l'édit, avant qu'il eût été possible d'en publier le texte officiel ; il n'en fallait pas tant pour exciter la populace.

Le 27 juin, les locaux du docteur Edward furent brûlés par les émeutiers (non pas par les Boxers). Les missionnaires s'enfuirent de leur demeure en flammes et arrivèrent, un par un, à la maison de M. Farthing. Avant la nuit, tous y étaient réunis excepté Mlle Coombs, qui avait été repoussée dans le feu et y avait péri.

Le lendemain (28 juin), tous les autres missionnaires de la ville se réunirent chez M. Farthing et décidèrent d'envoyer aux Taotai une lettre mettant en lumière le danger de leur situation : non pas qu'ils eussent grande confiance dans cette démarche, mais afin de faire tout ce qui était en leur pouvoir. La lettre ne fut pas envoyée, car, le 30 juin, quatre délégués du gouverneur arrivèrent, avec une bande de soldats et de gens de la police. Ils étaient chargés de nous dire que, la ville étant en proie à un soulèvement général, le gouverneur se déclarait incapable de protéger les missionnaires là où nous étions, et qu'il leur avait préparé un refuge sûr, en attendant de les escorter jusqu'à la côte. Il promettait que leurs maisons seraient scellées et garanties pendant leur absence. Lorsque les envoyés eurent fini de parler, les soldats saisirent aussitôt les missionnaires et les amenèrent à une maison près du Yamen, où fut aussi conduite la troupe de Chio-Yang dirigée par M. Pigott, composée de M. et Mme Pigott, de leur fils Welledey, de M. et Mme Stokes, M. le D^r et Mme Lovett et leur enfant, John Robinson, M. et Mme Simpson et Mlle Duval, ainsi que l'évêque et les prêtres catholiques de Tai-

Yuan-Fou. Ils y furent retenus jusqu'au 9 juillet. Alors on les amena sur la place, devant le Yamen ; là ils furent déshabillés jusqu'à la taille, selon l'usage chinois pour les condamnés à mort. Le gouverneur leur demanda, de quelle contrée ils venaient. L'un d'eux répondit avec assurance : « D'Angleterre. » Le gouverneur, en l'entendant, se mit à rire et lui-même trancha la tête à trois Anglais. Les autres furent tués par les soldats et leurs têtes exposées, pendant plusieurs jours, sur des perches.

Le même jour (27 juin), où la maison du docteur Edward brûlait, M. Dixon, ignorant ce qui se passait, envoya de Hsin-Chou un messager, porteur d'une lettre, à M. Farthing. Il arriva le 28 à la ville et, comme toutes les portes étaient gardées et tous les passants fouillés, il cacha la lettre dans un mur et put ainsi pénétrer à l'intérieur. Mais il n'avait fait que quelques pas, lorsqu'il apprit l'incendie de la maison missionnaire et la mort d'une dame missionnaire brûlée vive. Il se rendit immédiatement sur les lieux, pour s'assurer de la vérité de ces récits, et fit de vains efforts pour pénétrer dans la maison de M. Farthing, dont les portes étaient solidement closes. On lui affirma que tous les missionnaires avaient fui (ce qui, du reste, n'était pas exact). Il se remit en route, voyagea toute la nuit et arriva le lendemain (29 juin), au petit jour, avec ces mauvaises nouvelles. M. Dixon et ses collègues, persuadés que c'était là l'œuvre du gouverneur, se décidèrent à partir pour les collines de l'ouest, les uns à cheval, d'autres en char, sans perdre un instant. C'étaient : M. et Mme Dixon, M. et Mme Mac Currach, Mlle Renaut, M. Ennals, M. et Mme Underwood (ces deux derniers en visite à Hsin-Chou).

Le massacre de Hsin-Chou

A midi ils s'arrêtent à Hsia-Ho-Pei, dans la maison d'un chrétien nommé Chang (tué plus tard par les Boxers). Chao qui les accompagnait encore, nous dit qu'ils étaient tranquilles et pleins de courage, bien qu'ils se rendissent compte du peu d'espoir qu'il leur restait. Les dames, assises dans la cour, se mettent à causer paisiblement, faisant tout leur possible pour tranquilliser les Chinois épouvantés. Dans l'après-midi, tandis qu'ils poursuivent leur chemin, M. Dixon presse Chao de retourner dans le Chantung. Chao refuse, disant que s'ils doivent périr, lui veut mourir avec eux. Mais M. Dixon insiste : « Vous pouvez échapper, nous ne le pouvons. Un sacrifice inutile de votre vie n'aurait aucun avantage; tandis que, si vous partez, non seulement vous aurez la vie sauve, mais vous pourrez renseigner nos amis sur notre situation et peut-être sauront-ils faire quelque chose pour nous sauver. Depuis quatorze ans, ajoute-t-il, nous avons travaillé ensemble avec joie. Maintenant nous devons nous quitter, sans savoir si nous nous reverrons sur la terre. Peut-être y a-t-il une chance sur cent pour que nous échappions; mais, si nous devons mourir, nous n'en sommes pas effrayés. Si le Seigneur nous le commande, nous lui offrirons joyeusement nos vies. Tous les missionnaires ici courent les mêmes dangers, mais, si nous sommes tous tués, s'il n'en échappe pas un seul, il y en aura certainement un nombre plus grand encore qui viendra nous remplacer. »

Chao se décide alors à les quitter. M. Ennals, fort en esprit quoique faible de corps, raconte Chao, lui dit : « Je suis arrivé, il n'y a que quelques mois : la volonté de Dieu était peut-être que je vinsse ici simplement pour lui rendre témoignage par ma mort. » Les dernières paroles que Mme Dixon adressa à Chao furent comme son testament : « J'ai quatre enfants. Je ne pourrai plus leur prodiguer les soins d'une mère, mais Dieu le fera. Il leur suscitera certainement des amis et je vous demande de prier pour eux. »

Ils se séparèrent donc ; le fidèle évangéliste reprenant, le cœur navré, la route de l'est, retourna, nous l'espérons, vers une vie encore longue et utile, tandis que les martyrs continuaient leur voyage vers l'ouest. Ils devaient bientôt être détournés de cette direction et obligés de regagner les lieux où ils avaient déjà pendant de longues années mené une vie de renoncement et où ils allaient maintenant accomplir leur dernier sacrifice.

Dans la nuit, ils atteignirent Lui-Chia-Shan, village à 7 milles de la route, où vivaient quelques familles de chrétiens, dont le chef était An-Wan-Nin. L'intention des missionnaires était de creuser une grotte dans les sommets des collines (entreprise relativement facile, le terrain étant très friable), et de s'y cacher, tandis que le chrétien An les ravitaillerait. Nous ne savons si ce plan fut mis à exécution. Il semble, cependant, qu'ils aient pu passer deux ou trois semaines dans la maison d'An, sans être inquiétés. Quoi qu'il en soit, le 21 juillet, les Boxers, informés de leur présence, commencèrent l'attaque. Ils tuèrent d'abord ou mirent en fuite les chrétiens indigènes, mais, ne pouvant atteindre les missionnaires, qui étaient armés, ils durent retourner à Hsin-Chou, honteux de leur insuccès. L'officier de Hsin-Chou et un envoyé du gouverneur tinrent conseil et décidèrent que l'un d'eux, à la tête d'un détachement de soldats et d'hommes de la police, se rendrait à l'endroit où nos amis étaient cachés. Ayant préalablement dispersé tous les Boxers du voisinage, afin de donner aux missionnaires l'impression qu'ils étaient là pour les protéger, ils les pressèrent de sortir de leurs retraites, leur promettant de les envoyer sous bonne garde à la côte. C'était le 25 juillet. Les missionnaires se fiaient fort peu à ces promesses. Mais, depuis cinq ou six jours, ils étaient sans nourriture. La possibilité, si incertaine qu'elle fût, s'offrait à eux d'être protégés et ils cédèrent. Mais ils n'étaient pas plus tôt entre les mains des soldats, que l'officier changeait de ton. Ils furent ramenés à Hsin-Chou et jetés en prison.

Quinze jours plus tard, le 9 août, dix soldats et un envoyé du gouverneur les firent sortir ostensiblement, dans quatre chars, soi-disant pour les conduire à la côte. Cependant, aussitôt qu'ils eurent atteint les murs de la ville, une troupe de Boxers sauta sur eux, les fit descendre de leurs chars, les dépouilla de leurs vêtements et se mit immédiatement à les massacrer, en leur frappant la tête de leurs épées. Leurs corps furent jetés hors de la ville et là ils restèrent quelques jours sans sépulture, jusqu'à ce que le chancelier, ami des missionnaires, paya des hommes qui enveloppèrent les cadavres dans des couvertures d'herbes et les ensevelirent au pied des murailles. »

« C'est ainsi qu'ils tombèrent, mais ils tombèrent noblement. Ils imitèrent leur maître au Calvaire, mourant, comme lui, pour ceux pour lesquels ils avaient vécu. Dans notre consternation et notre douleur, nous nous demandons avec émotion quelle sera la récolte de pareilles semailles ! Wu-T'sui, l'évangéliste de Hsin-Chou, le narrateur de ces événements, ajoute : « Tout le monde à Hsin-Chou, dans la ville et au dehors, célèbre la mémoire des missionnaires. Tous se lamentent et se disent les uns aux autres : Fallait-il donc venir de 48.000 li pour nous faire du bien, et pour récompense, être cruellement mis à mort » ! « Ils se reposent de leurs travaux, mais leurs œuvres les suivent. » La semence commence déjà à germer. Nos frères sont morts dans l'assurance que des prédicateurs, pleins de l'Esprit saint, ne manqueraient pas pour les remplacer. Cette espérance est pour nous un appel sacré, de la part de celui qui « est mort pour nos péchés et non seulement pour les nôtres » mais même pour ceux des bourreaux, cruels et traîtres, par les mains desquels nos frères ont souffert. »

Dix Martyrs Suédois

Un petit groupe de dix missionnaires suédois, qui s'étaient unis à la C. I. M., a été massacré, également dans le Chansi, à Choping-Fou, pendant une conférence missionnaire à laquelle ils s'étaient tous rendus. C'était une troupe d'élite.

Nathanaël Carlsen, né en 1867, fils d'un des membres du comité de la branche suédoise de la mission, était, comme son homonyme, un « véritable Israélite sans fraude ».

Amené à l'assurance de son pardon par le passage de I Jean 1 : 9 : « Si nous confessons nos péchés, il est fidèle et juste pour nous les pardonner et pour nous purifier de toutes iniquités », M. Carlsen se crut appelé à l'œuvre des missions et bientôt l'assurance intérieure que cet appel lui venait de Dieu le remplit de joie. C'était un homme fidèle, doué de beaucoup de bon sens et d'application ; étant l'aîné de tous, il servait de conseiller aux autres.

Avec lui travaillaient : M. Swen Person, remarquable par sa connaissance du chinois, tandis qu'il avait eu toutes les peines à se mettre à l'anglais ; M. Larson, qui avait été précédemment un utile et humble évangéliste en Suède ; M. Pettersson, arrivé en Chine depuis cinq mois seulement. Ces frères étaient associés à des femmes de foi et de caractère : Mme Person, pleine d'ardeur pour son œuvre, Mlle Nina Hedlund, qui écrivait dans sa dernière lettre : « Pour moi, je n'ai aucune crainte, si Dieu « veut que je souffre la mort du martyre » ; Mlle Anna Johansson, ancienne domestique de lord Radstock ; Mlle Fenny Lundell, et Mlle Engwall, dont les traits expriment la vaillance et la décision. Cette société a succombé tout entière à Choping-Fou dans le Chansi.

Avec eux ou après eux, P. Alfred Ogren a souffert le martyre à Yong-Ning, dans la même province. Il avait été charpentier et, après sa conversion, devenu membre de l'Union chrétienne de jeunes gens, il avait fait beaucoup de bien à ses contemporains. La visite de M. Fransen, fondateur de la Mission de l'Alliance, l'avait décidé à se mettre à l'étude et à se vouer aux missions en Chine, où il avait été très apprécié. Outre ces dix martyrs, seize missionnaires, également suédois, sont parvenus à s'échapper, en passant par le désert de Mongolie, et à gagner une station du Transsibérien ; on peut deviner dans quel état de misère. On a aussitôt télégraphié à Stockholm pour les recommander aux autorités russes, qui les ont rapatriés en Suède.

Noms et Citations

Après ces quelques glanures faites dans le champ sanglant et glorieux du martyre, nous voudrions présenter aux lecteurs toutes les nobles figures de nos 134 confesseurs de la foi ; mais, obligés de nous restreindre, nous nous contenterons d'un simple catalogue de noms cités sans ordre, et de quelques citations.

Après avoir parlé du centre septentrional du Chansi, nous passons aux victimes du centre méridional de la province.

Citons d'abord le nom d'un Tasmanien, M. David Barratt, qui a succombé aux privations endurées. En annonçant le commencement des troubles, il écrivait : « Je suis semblable au taureau (dont la figure orne notre journal), prêt pour le travail et la charrue, ou pour le sacrifice et l'autel. » Ce matin, après le culte, j'ai eu sous les yeux la proclamation meurtrière qu'a fait afficher dans nos rues le gouverneur, Yu-Hsien, l'homme de « la société du Grand Couteau ».

« Nous nous sommes aussitôt mis à étudier ensemble, à l'aide de ma concordance, les cinquante passages où Dieu dit aux siens: « Ne crains point », ç'a été un temps béni ! Je vous en copie un certain nombre qui me semblent particulièrement secourables dans ces temps ; j'en fais autant pour nos gens, afin qu'ils puissent les emporter et les regarder souvent. Il y a là des paroles merveilleuses ! Esaïe LI, 7 à 16, a été ce matin comme du miel à ma bouche : je vous en envoie un rayon. Voilà quelques-uns de ces versets, où l'Eternel nous dit : « Ne crains point » après nous avoir dit : « Ne m'oubliez pas ! » Genèse XV, 1, XXII, 14, Jug. VI, 23, Esaïe XLI, 10, 11, 14, Exod. XIV, 13. — « Ne crains point ; reste tranquille et regarde. » Exode XX, 20. « Dieu vous éprouve ». Nomb. XIV, 9. I Chron. XXVIII, 20, Es. XXXV, 3, 4, 10. — « Dis à ceux qui ont le cœur troublé : Prenez courage ! » Es. XLIII, 1, 5, 10, 12, 21, Es. XLVI, 9, LI, 7-13, 16, Daniel X, 19, Joël. II, 21. — « De grandes choses. » Jér. VIII, 13, Matt. X, 28-31. — « Jésus (leur) dit. » Jean XIV, 1-4. — « Là il répond. » Hébr. XIII, 5, 6, Ps. XXVII, 3, LVI, 3, 4, CVIII, 6, Halleluia...... Je vous traçais ces mots sur mes petits papiers..... en voici la suite : Il y a une heure arrive notre diacre Si, qui est en fuite vers Han-

Kow, espérant y sauver sa vie ; il est venu nous conter les affreuses scènes de Taï-Yuan, la fuite de M. Saunders et des siens. J'en suis presque tombé évanoui ; néanmoins la paix de Dieu remplissait et remplit mon âme. Tous les missionnaires sont réunis dans une même maison et peuvent être massacrés à chaque instant sur l'ordre de Sa cruelle Majesté, — mais l'Eternel règne ! — Ce fut la dernière lettre du martyr adressée à M. le Dr Hewett.

M. et Mme Mac Connell, de Hotsin, furent trahis par leur escorte. On leur offrit la vie sauve, s'ils renonçaient à leur foi ; sur leur refus, ils furent décapités ; leur petit Kenneth, voyant qu'on allait en faire autant pour lui, s'écria : « Papa puh chuen shah sino Kennie », « Papa ne permet pas qu'on tue le petit Kennie. »

Miss King et Miss Burton furent frappées au moment où elles s'embrassaient pour la dernière fois, ainsi que M. et Mme Young. Avec eux périt leur serviteur, Kleh-t'ien-Hsuen, qui refusa de renoncer à la foi chrétienne.

M. et Mme Duncan Kay étaient des ouvriers d'élite, le mari possédait remarquablement bien la langue chinoise. Sentant l'importance des paraboles, il s'était fait une collection d'images en plusieurs volumes, qui lui servaient beaucoup à préparer ses évangélistes ; les époux Kay ont succombé avec Jennie, leur cadette ; trois enfants leur survivent.

M. et Mme Peat ont péri avec leurs deux filles, Marguerite et Marie, avec eux M. Woodroffe.

Il faudrait des pages pour raconter les travaux scolaires de Mlles F. E. Nathan, M. R. Nathan, ceux de Mlles Heaysman, Dobson et E. G. Hurn, ainsi que ceux de Mlles Whitchurch et Searell. Nous citerons seulement quelques phrases de la dernière lettre de Mlle Searell adressée à Mme Eva French:

« Vous me dites dans votre lettre de chercher
« quelque endroit plus sûr que les autres. Je pense,
« ma chère Eva, qu'à vues humaines, l'insécurité
« est la même partout, mais pour ceux dont la vie
« est cachée avec Christ en Dieu, tous les lieux
« offrent une égale sécurité ! Ils ont partout un
« même refuge qui est la retraite secrète du Souve-
« rain. « Un fort rempart est notre Dieu « et en lui
« nous sommes à l'abri pour le temps et pour l'éter-
« nité. Nous plaindrions-nous d'avoir moins de
« temps que nous ne pensions, moins de temps
« pour la terre et plus pour le ciel ? » « Plus la
« vie est courte, plus l'immortalité est prompte à
« venir. »

Ajoutons encore les noms des autres victimes de la persécution dans le Chansi : Mme J. E. Cooper et son enfant Brainerd, Mlles Rice et Huston, les deux enfants de Mme Saunders, ceux de M. Lutley, Mme Glover et son enfant Faith, tous de la C. I. M., de même Elisabeth Burton, Joséphine Desmond, Etta Manchester, Edith Sherwood, E.-A. Thirgood, D. Baird Thompson et sa femme, G. Fred-Ward, Etta Ward.

De la mission baptiste sont morts tous ceux qui travaillaient dans le Chansi :

S. W. Ennals, M. et Mme Herbert Dixon, M. et Mme F. S. Whitehouse, M. et Mme G. B. Farthing et trois enfants, Miss B. C. Rennant, M. et Mme W. A. M. Currach, M. et Mme T. J. Underwood, Miss Stewart.

Les victimes de la grande société américaine (A. B. C.) sont, outre celles que nous avons déjà nommées :

Rev. Dwight H. Clapp, de la station de Taikou, né en 1841, Mrs Mary Jane Clapp, née Rowland, née en 1845, partis en 1884.

Rev. Francis W. Davis, né en 1857, en Chine avec sa femme depuis 1889.

Rev. Charles W. Price, né en 1847 et Mme Eva Jane Price, née en 1855, partis pour le Chansi en 1889.

Miss Rowena Bird, née en 1865, partie en septembre 1890 pour Taï-Kou.

Rev. George L. Williams, né en 1858, en Chine avec sa femme depuis 1891.

Miss Mary L. Partridge, née en mars 1865, partie pour Taï-Kou en 1893.

Rev. Ernest Atwater, né en 1865, marié en secondes noces à Mme Elizabeth Graham.

Lettre de Mme Atwater

Mes bien-aimés,

Quel ardent désir j'ai de revoir vos chers visages, mais je crains que nous ne nous rencontrions plus ici-bas. Je vous ai tous tant aimés et je sais que vous n'oublierez pas celle qui dort, couchée dans la lointaine terre de Chine. Il n'y eut jamais des frères et sœurs comme les miens. Je me prépare calmement à la fin. Le Seigneur est merveilleusement près de moi et ne me manquera point.

Aussi longtemps qu'il nous restait quelque chance de salut j'étais dans un état de grande agitation et d'inquiétude. Maintenant Dieu m'a ôté ces sentiments et je ne lui demande plus que la grâce d'attendre bravement la terrible fin. La souffrance sera bientôt passée pour faire place au bienheureux accueil dans les cieux.

Mon petit bébé ira avec moi, je pense que Dieu

me le donnera dans le ciel, et combien ma mère sera heureuse de nous voir.

J'ai peine à me représenter l'accueil du Sauveur, mais je sais qu'il compensera tous ces jours d'angoisse. Mes bien-aimés, vivez près de Dieu et attachez-vous de moins en moins à la terre. Il n'y à pas d'autre moyen pour recevoir cette Paix de Dieu qui surpasse toute intelligence. Je voudrais envoyer un message spécial à chacun de vous, mais je n'en ai pas la force. Il faut que je reste calme et paisible pour ces dernières heures. Je ne regrette pas d'être venue en Chine, mais je regrette d'y avoir si peu travaillé. Ma vie d'épouse, ces deux précieuses années, ont été pleines de bonheur. Nous mourrons ensemble mon cher mari et moi, j'avais si peur de la séparation. Si maintenant nous échappions ce serait un miracle.

Mes messages à vous tous et à ceux qui se souviennent de moi.

Votre sœur,

LIZZIE.

C'est ainsi que Dieu a soutenu ses confesseurs au sein des angoisses de la mort et leur a donné d'en triompher dans le calme de la foi.

Le martyr aveugle de Mandchourie

Il est vrai que les martyrs chinois n'ont pas eu tous à opter entre la mort et l'abjuration ; bon nombre ont été massacrés simplement parce qu'on les savait chrétiens ; il y a eu cependant bien des cas contraires. On sait que la Mandchourie a été pendant ces dernières années, le champ chinois le plus fécond en conversions.

Une lettre venue de Newchwang contient les détails suivants : C'est pour nous le sujet d'une profonde reconnaissance, qu'un grand nombre de nos croyants aient pu se soustraire au danger par la fuite ; et nous ne saurions nous étonner, qu'au sein d'une population, plongée encore il y a 25 ans dans les ténèbres du paganisme, un certain nombre de chrétiens se soient soustraits à la mort par l'abjuration accomplie sous une forme ou l'autre. Il y en a eu cependant un bon nombre qui ont vaillamment choisi la mort, plutôt que le désaveu de la foi chrétienne.

Un aveugle nommé Chang avait été converti, il y a quelques années ; devenu évangéliste à Tai-Ping-Kon, il y avait provoqué un vrai réveil religieux. « Lorsque l'insurrection des Boxeurs éclata,

« écrit le Dr Christie, en date du 20 octobre, Chang
« se trouvait à Chan-Yan-Chên. Le diacre Hsû qui
« l'accompagnait fut traîné avec lui dans un des
« temples du lieu ; là on exigea des deux chrétiens
« de renoncer à leur religion, d'offrir de l'encens
« aux idoles et de les adorer. Le diacre Hsû, vaincu
« par les menaces, obéit et renia sa foi ; mais
« Chang, l'aveugle, refusa absolument, se mit à
« chanter un cantique, et c'est en chantant qu'il
« reçut le coup de mort de la main des Boxers. »
Quand les Russes sont entrés à Moukden, qui est
une ville de 300.000 âmes, les chrétiens sont sortis
de leurs cachettes et ont célébré à nouveau leur
culte sur les ruines de leur belle église brûlée par
les Boxers.

Accusations contre les missionnaires et contre les chrétiens indigènes

Le professeur Raoul Allier ayant répondu par un
livre *fortement documenté aux accusations lancées
contre nos missions de Chine* principalement par le
baron allemand de Brandt, et à sa suite, par la
presse hostile tout entière, nous n'avons pas à
nous y arrêter longuement. Le missionnaire Maus
les groupe sous cinq chefs :

1° *Les missionnaires protestants ne connaissent pas les mœurs, l'esprit et la science chinoise,* à quoi il est aisé de répondre, en citant les noms de missionnaires qui ont été en même temps au nombre des plus grands sinologues : Legge, Faber, Medhurst, Edkins, et en outre, toute la littérature chrétienne chinoise.

2° *Ils sont animés d'un zèle agité et fiévreux.* Nous pourrions répliquer, que la fièvre prépare mal au martyre; mais nous renvoyons à la marche progressive et, en somme, très sage de la mission de Bâle, qui n'a souffert d'aucune attaque pendant les troubles de 1900; à la belle mission Hudson-Taylor; à la marche merveilleuse de la C. M. S. [1] dans la province de Fu-Kien; à l'œuvre écossaise de la Mandchourie.

3° *Ils n'ont pas la discrétion des catholiques.* Nous renvoyons aux agissements de Mgr Anzer et de ses pareils, et à la manière dont ils ont compromis l'Europe dans l'acquisition allemande de Kioutschau.

4° *Ils blessent les sentiments les plus sacrés des Chinois, en ne tenant pas compte de leurs préjugés, de leur vénération pour les tombes des ancêtres, etc.*

[1] Société épiscopale d'Angleterre.

On sait jusqu'où les jésuites ont poussé la condescendance. L'Eglise catholique elle-même les a désapprouvés, et le Dr Faber a jugé, que la continuation de leur méthode aurait fini par rendre toute prédication chrétienne en Chine inutile et la conversion de la Chine impossible.

Le seul point auquel nous nous arrêterons est le cinquième grief : *les chrétiens n'ont aucune valeur*. Or, voici la réponse que donne à cette accusation une femme auteur, fort connue, convertie à l'œuvre missionnaire, en constatant, après de longues années, le malheur des païens et l'influence bénie de l'évangile au sein des nations de l'Asie. Son nom est Mme Isabelle Bishop. Invitée à rendre témoignage de ce qu'elle a vu devant le « Church-Congress », tenu, en septembre dernier, à New-castle-on-Tyne, elle a affirmé ce qui suit : « Après « huit années et demie de voyage au milieu des « peuples de l'Asie, je puis déclarer, sans aucune « hésitation, que la substance ou matière première « avec laquelle le Saint-Esprit est parvenu à fa- « çonner les chrétiens indigènes de la Chine, et « bien souvent les chrétiens chinois morts mar- « tyrs, est la meilleure partie de l'humanité de « l'Asie entière. »

Le journal *Chinas Millions* de février 1901, contient l'appréciation suivante : Les chrétiens chinois, comme ensemble, sont restés fidèles. Le fait que les renégats ont été si peu nombreux est une admirable preuve de leur solidité.

« La Société a reçu de nombreuses lettres prouvant que, malgré la persécution, les chrétiens chinois sont restés « fermes, inébranlables, abondant toujours dans l'œuvre du Seigneur ».

« A Chanchau, dans le Honan, le mandarin ayant publié un ordre qui enjoignait à tout chrétien de s'inscrire au bureau de l'autorité pour déclarer son intention d'abjurer, pas un seul ne s'est présenté. Ils ont continué à se soutenir par le culte public, sont parvenus à faire deux nouveaux convertis qui ont brisé eux-mêmes leurs idoles.

« A Tai-Kang, le lundi 16 juillet était le jour fixé pour « tuer tous les chiens étrangers » (les indigènes chrétiens). Les chrétiens, cependant, avec le courage d'un Daniel, s'assemblent, le dimanche 15, pour leur culte du matin et de l'après-midi. L'auditoire, à chacun des deux cultes, dépasse 60 personnes. Bien que la ville entière fût en émoi et retentît de vociférations et de cris : « Mort aux diables étrangers ! » personne de l'assistance ne manifesta le moindre signe de crainte ; tous les cœurs s'assuraient sur Dieu et restaient paisibles ! »

Ajoutons encore un argument plus mathématique.

La valeur des convertis chinois, démontrée par des chiffres

Mais que valent ces chrétiens chinois? demande-t-on encore. Ne les appelle-t-on pas des « chrétiens de riz? » c'est-à-dire des gens qui se vendent pour s'assurer le pain quotidien?

On accuse en particulier si souvent le Chinois d'avarice, qu'il vaut bien la peine de raisonner sur des chiffres précis et de fournir la preuve que l'Evangile parvient à le transformer sur ce point.

A la conférence de New-York, en avril 1900, M. H.-H. Lowry, président de l'Université de Pékin, a cité à l'appui ses propres expériences : « Depuis dix ans, nous délivrons des diplômes. Or, de 28 étudiants qui ont obtenu le diplôme, 20 se sont décidés pour la carrière d'évangélistes. Connaissant bien l'anglais, solidement préparés à entrer dans les affaires, ils étaient assurés d'un salaire de 15 onces d'argent par mois pour la première année, de 20 pour la seconde et de 25 pour la troisième, c'est-à-dire de 50, 67 et 74 francs environ, ou même de 130 francs par mois. Ils ont préféré se donner à la prédication et à l'enseignement de l'Evangile, et cela pour un salaire de trois onces, ou 10 francs par mois, faisant ainsi le sacrifice de 20 ou 30 dollars par mois, au risque encore d'être persécutés par leurs compatriotes.

« Le frère Chung, à peine muni de son diplôme, avait reçu de Shanghaï l'offre d'une place de 40 dollars par mois. Il y renonça et accepta d'être envoyé en dehors du grand mur, où il commença à prêcher avec trois onces d'argent, c'est-à-dire dix francs par mois. Un autre, nommé Marc, avait été, pendant cinq ans, mon suffragant dans la cité sud de Pékin. Quand il eut obtenu ses diplômes, il fut grandement tenté d'entrer dans le service des douanes, où il obtenait un salaire de 40 dollars. Partagé, pendant plusieurs jours, sur le parti à prendre, sa femme vint à son secours. Elle avait été élève de l'école supérieure de Pékin et lui aida à se décider pour le service du Seigneur. Il prêcha pendant deux ou trois ans, avec un salaire de 5 à 6 onces d'argent par mois, et après cela, il nous demanda la permission de gagner sa vie en enseignant l'anglais aux familles des notables du lieu, ce qui lui permettrait de prêcher gratuitement. Dès la première année, il nous apporta dix onces d'argent pour la bâtisse de l'église, vingt onces pour la bâtisse du dispensaire, et recueillit en outre, parmi ses amis particuliers, assez d'argent pour compléter ce bâtiment.

« Un frère de ce même Marc, également diplômé, se mit au service de l'Eglise, pour cinq onces d'argent par mois. Bientôt, il nous demanda une heure par jour pour donner des leçons d'anglais et nous apporta, comme fruit de son heure supplémentaire de travail, 30 onces d'argent et les versa dans notre caisse.

« Un autre de nos diplômés vint aux Etats-Unis, à l'Université de Pausse ; après trois ans d'étude, on lui offrit une position d'interprète, ce qui lui aurait valu environ 1.000 dollars par an ; il refusa et commença par enseigner pour 7 dollars en or par mois, et sur 7 dollars, il prélevait et nous apportait la somme nécessaire pour l'entretien d'un garçon élevé dans les mêmes conditions où il avait été élevé. Ainsi, sur les 28 étudiants munis de leur diplôme de notre Université, 20, qui auraient eu l'occasion d'entrer dans les affaires, se mirent au service de la Mission avec des salaires très inférieurs. Il y a des gens qui disent que les Chinois sont des « chrétiens de riz », mais il me semble que ce que je viens de dire prouvera le contraire.

Le Peuple, les Missionnaires et les Autorités chinoises

Les missionnaires qui aiment les Chinois, comme des pères chérissent leurs enfants, se trouvent aujourd'hui étrangement partagés entre leurs sentiments personnels et l'évidence des faits. Animés de l'esprit de Christ, ils ne négligent aucune occasion de relever les côtés intéressants et même généreux du caractère chinois, sentant que les excès sanglants de l'an dernier ont refroidi beaucoup de cœurs.

Ainsi dans le récit que fit M. Green, à la rue Royale, le 12 avril dernier, il relevait le fait que partout, pendant sa captivité, il a rencontré des Chinois compatissants qui lui témoignèrent de la sympathie.

Une des dames missionnaires, qui a échappé à la mort, écrit à sa famille : « Les souffrances et les privations que nous avons endurées, ne peuvent être racontées, et je ne tiens nullement à m'y étendre. Le Maître a souffert et il nous faut suivre ses traces; puisse-t-Il accepter les douleurs que nous avons supportées de notre mieux en son nom ! »

« Même les enfants ne semblaient pas exprimer de haine... La petite Jessie Saunders, qui mourut en route, disait au moment où on lapidait et battait ses parents : « N'est-ce pas maman, c'est ainsi « qu'ils ont traité Jésus..... »

« Ne vous étonnez pas si vous lisez dans les journaux des détails terribles sur les méfaits des chinois ; mais nous ne leur en voulons pas et pouvons sincèrement répéter : « Père, pardonne-leur, car ils ne savent pas ce qu'ils font ! »

Le système compliqué de la morale chinoise étouffe, il est vrai, les sentiments naturels ; même sous les apparences de grand respect pour les parents, se cachent quelquefois des calculs d'égoïsme ; mais dès que l'Évangile a gagné les cœurs, l'affection réelle du mari pour la femme, des parents pour les enfants reparaît, comme on le constatait chez les chrétiens réfugiés dans les légations.

Leur fidélité a été remarquable : Chang, gardien de l'une des portes du palais impérial, fut mal vu de toute sa famille, parce qu'il était devenu chrétien. Saisi par sa queue et traîné par ses parents à travers toute la cour, il accepta ces opprobres sans broncher. Après quatre ans, il renonça à son office de gardien du palais, pour se vouer à l'évangélisation ; et après une préparation suffisante, il devint

le pasteur de l'annexe de Liong-Hsiang-hsieng.
Quand éclata le mouvement des Boxers, il envoya
sa femme et ses enfants à Pékin, mais resta au
poste, habitant la chapelle de la mission. Arrivent
les émeutiers, qui lui lancent des briques et des
pierres et le blessent cruellement. Il n'en reste
pas moins à son poste, jusqu'à ce que les missionnaires eux-mêmes le font prendre par un char
à 25 milles de Pékin; pendant le siège il porte le
fusil, monte la garde et obéit militairement aux
officiers japonais.

Jusqu'au dernier moment, les légations de Pékin
ont cru que l'attaque ne venait que des adeptes de
la société secrète des Boxers, mais l'autorité impériale ayant répandu par télégraphe l'ordre secret
cité plus haut (p. 45), de « faire mourir tous les
« étrangers et de détruire l'église ou la religion
« chrétienne », on comprend aisément quel a dû
être le désarroi des esprits, placés entre les devoirs
élémentaires de la morale humaine et les obliga-
tions professionnelles des délégués du pouvoir.

Il est bienfaisant de relever, à côté des crimes
atroces d'un Prince Tuan, ou d'un Yü-hsien, envoyé le 15 mars 1900 de Pékin à Tai-Yuanfou, pour
gouverner ou plutôt pour ensanglanter le Chansi,
le témoignage que le missionnaire R. C. Forsyth,

rend au successeur de Yü-Shien dans le Shantoung.

« Le gouverneur Yuan-shih-kai s'est montré
« très bienveillant envers les étrangers et nous
« croyons que c'est à lui que tous les missionnaires
« de la province doivent leur vie. Quoiqu'il n'ait
« pu empêcher les Boxers de détruire, à plusieurs
« endroits, les propriétés de la mission, il s'est
« maintenu en bons termes avec les puissances
« alliées, n'a jamais admis la destruction finale des
« légations de Pékin, et a fourni des informations
« très précises sur leur compte. »

Ainsi, comme nous l'avons observé, même
parmi les fonctionnaires supérieurs, il y a eu
bon nombre d'hommes de cœur, tels que Tuan-
Fang, gouverneur par intérim du Chensi, qui
n'a pas sauvé moins de 90 étrangers et a envoyé des troupes jusque dans les territoires mon-
gols, pour protéger une société européenne mena-
cée. Lorsque l'édit de destruction des chrétiens,
du 20 au 25 juin, lui parvint à Sian, il en fut si
troublé, qu'il ne put retenir ses larmes, ni dormir
ou prendre de nourriture pendant plusieurs jours.
Il supprima lui-même les édits, ordonna de protéger les étrangers et fit décapiter les chefs des
Boxers. A la place de l'ordre de mettre à mort les
étrangers, il fit afficher une proclamation conte-

nant textuellement les mots suivants : « Si vous
« tuez ces étrangers sans protection et sans force,
« ce ne sera ni humain, ni courageux. »

Délivrance de la Famille Guinness

« Dès le samedi 7 juillet, Li-Tsong-Ié vint discuter
avec nous, les mesures à prendre pour la sécurité
de notre station, pendant les troubles. Nous résolûmes d'attendre l'arrivée des lettres de Nang-
Yang-Fou. Le lendemain nos services réunirent de
nombreux auditoires, mais dès l'après-midi, l'atti-
tude de la foule devint inquiétante et nous nous
mîmes à tout emballer, puis à hisser nos malles
par-dessus la haute muraille qui sépare notre jardin
de la maison voisine.

De bon matin, les cris et les coups nous annon-
cèrent l'émeute. Impossible de nous attarder, même
à déjeuner. Notre petit groupe missionnaire : M. et
Mme Conway et leur bébé d'un mois, Mlle Watson
et M. Guinness, disparut rapidement derrière
la haute muraille et, traversant la cour, gravit
une échelle qui conduisait au grenier, situé au-
dessus de la chambre de réception de Li, notre
voisin. Là, nous restâmes immobiles pendant les
longues heures de la journée. Pas un mot ne fut

prononcé. La chaleur était intense, nous ne pûmes obtenir ni nourriture, ni eau ; la mère apaisait de son mieux son nourrisson, mais elle était épuisée et l'enfant risquait de trahir notre présence. Qu'on juge de notre situation ! Des bruits sinistres nous arrivaient de toutes parts : cris de mort de la foule, effondrement de maisons détruites, crépitement de l'incendie, qui nous disait assez le sort de notre propre demeure ! De temps en temps, des hommes montaient sur le toit, regardaient aux fenêtres et malgré tous nos efforts pour nous dérober à leurs yeux, je ne doute pas que l'un ou l'autre de nous n'ait été aperçu. La salle au-dessous de nous, était pleine de gens, pour la plupart mal intentionnés. On devine avec quelle anxiété j'écoutais leurs propos : « Je veux monter au grenier, disait l'un, « j'ai cherché partout, ils doivent être là. Nous « avons détruit leur maison, il ne s'agit pas que « les étrangers échappent. »

Il leur eût été facile de faire violence au propriétaire et de nous découvrir là-haut, accroupis contre le mur ou aplatis dans la poussière. Mais Dieu nous protégea ; à tout instant, nous les entendions aller et venir bruyamment, mais seules leurs menaces montaient jusqu'à nous : « Il faut les tuer, il le faut ! »

Lentement, le jour s'écoula et l'obscurité désirée de tous, nous apporta enfin quelque répit. Quand les derniers bruits de l'émeute s'évanouirent, nous commençâmes à respirer librement et à faire quelques mouvements. Soudain, un pas se fit entendre sur l'échelle et, pâle et tremblant, notre hôte apparut. « Vite, venez, dit-il, votre vie n'est pas en sûreté ici, suivez-moi. » En un clin d'œil on saisit le bébé et, l'un après l'autre, nous dévalâmes l'échelle, quittant le grenier qui nous avait abrités pendant les longues heures de cette première journée.

Un court passage obscur nous conduisit à la cour voisine de notre jardin. D'un côté, se trouvait la chambre où étaient remisés nos effets, de l'autre le grenier où M. Li tenait son blé. C'est celle-ci qu'il nous ouvrit.

« Vite, nous dit-il, grimpez sur ce tas de blé et gagnez, par cette trappe, le réduit qui est au-dessus. » Un tabouret, placé sur le monceau de grain, nous permit d'obéir à cette injonction et, bientôt, M. et Mᵐᵉ Conway et leur bébé, Mˡˡᵉ Watson et moi, nous nous trouvâmes une fois de plus, dans une longue chambre sale et vide, ayant pour sol des planches pourries, encombrées de débris malpropres, des murs de terre sillonnés de crevasses, de nombreuses fenêtres barrées de morceaux de bois, et à une extrémité du réduit, une ouverture, presque obstruée, il est vrai de terre et de brique, mais d'où l'on pouvait embrasser du regard toute la chambre à l'exception d'un seul angle. Tel devait être notre gîte pour quatre ou cinq jours .

Un moment après notre entrée, quelqu'un poussait la trappe et nous passait un pot de thé et du pain. Quel festin après 24 heures de jeûne !

Les jours suivants, maint projet d'évasion fut discuté et abandonné. La première nuit, nous devions nous sauver, sous la protection d'un homme puissant, mais méchant, nommé Wang-Sheng-Kuan. De sa demeure, à quelques milles de la ville, nous devions nous évader dans des chars. A minuit, tout était prêt. Déguisés de notre mieux, nous descendîmes par la trappe ; mais soudain notre hôte nous arrêta, un bruit venait de se faire entendre, il courut au dehors et revint presqu'aussitôt : « Fuyez », dit-il, « remontez à votre cachette, la police est là. » Et en un clin d'œil, escaladant corbeilles de grains, tabouret et trappe, nous étions dans notre réduit, étendus et immobiles. Un officier arrivait à notre recherche avec ses soldats. Nos effets découverts furent bouleversés sous nos yeux et emportés, puis ils arrivèrent à notre grenier. « Qu'y a-t-il là ? » s'écrièrent-ils. « Mon grain », répondit le propriétaire. « La porte est fermée, je veux entrer ». « Forcez-la », cria l'officier aux soldats. Une grosse poutre fut lancée contre la porte, qui céda immédiatement. « Que signifie tout cela : du blé, un siège, une trappe ? Il faut que je monte. » J'étais assis sur la trappe, retenant ma respiration et criant à Dieu en silence. « Il n'y a que des femmes là haut », dit une voix. Des femmes ? Et je sentis la porte soulevée, bien que je m'y appuyasse de toutes mes forces. Mais personne ne monta. Trois fois ils revinrent, renouvelèrent leurs recherches, mais en vain. Encore une fois, Dieu nous protégea. Des soldats furent postés dans la chambre au-dessous de nous. L'évasion était donc impossible pour cette nuit. Force nous fut de rester tranquilles, assis ou étendus sur le plancher sale, guettant, à travers les heures de la nuit, les mouvements ou les conversations de nos geôliers, goûtant quelques rares instants de sommeil, et nous trouvant au matin, tout couverts de poussière.

C'était l'aurore du 10 juillet, une nouvelle journée d'angoisse commençait. De bonne heure, l'œuvre de démolition de nos deux chapelles et de nos salles continua, puis on fit une battue générale pour découvrir les étrangers.

Au crépuscule, j'aperçus des hommes qui entassaient dans la cour des matières inflammables, en disant : « Nous allons les brûler, s'ils se sauvent, nous les tuerons. »

Dans le silence et l'obscurité, je repassais maint souvenir ; je revoyais nos chrétiens indigènes réunis deux jours auparavant, dispersés aujourd'hui, pour ne se retrouver peut-être qu'auprès du Roi des rois. Je pensais à nos bien-aimés au loin et sur un pauvre lambeau de papier sale, je leur écrivis les lignes suivantes (1) :

10 juillet 1900.

Bien-aimés du cher foyer,

C'est peut-être la dernière fois que je vous écris. Je le fais, assis par terre dans la poussière d'un grenier. Depuis trois jours, nous sommes entourés d'émeutiers. Nous avons fui dans trois cachettes différentes, traqués par le peuple en furie. Ils ne savent ce qu'ils font. Pour nous dérober à leur vue, il nous faut rester étendus. Nos amis chinois ont fait tout ce qu'ils ont pu pour nous, mais nous n'avons pu fuir. Hier soir, nous étions sur le point

(1) Conservées précieusement comme une relique par M. Guinness père.

d'échapper, quand le chef de la police arriva. Il s'empara des derniers débris de nos bagages. On nous a pourvus de pain et de thé.

Géraldine et Howard connaissent par expérience les cris féroces de ce peuple, ravageant nos maisons jusqu'au toit. Nous restons étendus sans bouger et nous prions. Nous sommes fatigués et pourtant dans la joie. Je ne puis prolonger. Nous nous retrouverons au ciel.

WHITFIELD.

Quand j'eus tracé ce billet, je m'appuyai contre la muraille, attendant et priant. Un pas se fit entendre. « Qu'est-ce ? » s'écria M. Conway. La porte s'ouvrit, une tête émergea par l'ouverture carrée du plancher : « Thé », fit une voix. Encore une fois, Dieu avait pourvu à nos besoins, et dans l'obscurité nous prîmes cette nourriture, en rendant grâces.

La maison ne fut point incendiée. Les journées de mercredi et de jeudi passèrent, assez semblables aux précédentes : toujours des projets d'évasion formés et détruits. L'un était de mettre les dames dans de grands paniers, tandis que nos protecteurs nous auraient dévalé par les murs de la cité ; un autre plan était de remplacer les paniers par les grands baquets qui servent à porter l'eau ;

mais quand, à la faveur des ténèbres, je descendis pour les mesurer, ils se trouvèrent trop petits. Autre tentative : les dames monteraient à cheval et nous-mêmes, déguisés en soldats, leur ferions escorte. Mais aucun mandarin ne voulut prêter son concours et on ne trouva pas de soldats disponibles. Enfin, on crut pouvoir s'arrêter à l'idée suivante : Un bon vieillard nous hébergerait dans sa chambre haute et, nul ne sachant notre retraite, nous pourrions fuir quand viendrait la pluie. Tout devait être prêt le vendredi; mais il n'y avait qu'un pas entre nous et la mort et nous allions en faire une nouvelle expérience. En effet, au milieu du jour, le jeudi, nous étions en train de prendre quelque nourriture, quand notre ami M. Li entra brusquement, le visage décomposé, et s'écria : « Fuyez, la police est de retour avec des épées et des couteaux pour vous tuer; fuyez! » Saisir l'enfant, traverser la chambre, dégringoler par la trappe, grimper par-dessus un mur de dix pieds, derrière lequel, hors d'haleine, nous nous blottîmes, exposés aux rayons d'un soleil de feu, tout cela fut l'affaire d'un instant. Et pourtant, aucun de nous ne semblait épouvanté et nous pûmes, en paix, lever nos yeux vers notre Père Céleste.

Nous avions eu connaissance des édits lancés par

l'Empereur et par le commandant général, ordonnant que les étrangers fussent immédiatement mis à mort.

Cette alerte était certainement le résultat de l'édit. Impossible de fuir. Au bout d'un moment, je vis venir un homme sur la muraille : « Restez contre le mur », ils arrivent, murmurai-je. Hélas ! le nourrisson se mit à pleurer. En vain Mme Conway essayait-elle de l'apaiser. Encore quelques minutes et nous serions sans doute mis en pièces. La nature était radieuse ; malgré toutes les apparences, il me sembla que Dieu n'allait pas nous appeler. Encore un pas sur la muraille, encore un homme en vue ; étions-nous découverts ? Non, une voix nous cria : « Tout va bien, remontez, ils sont partis. » Les cœurs pleins de joie et de gratitude, nous escaladâmes de nouveau la muraille et réintégrâmes notre vieux galetas pour y achever notre repas si brusquement interrompu.

Nous sentions la protection de Dieu, et l'espoir d'une délivrance finale s'empara plus vivement de nos cœurs.

Ainsi les jours passaient, avec leurs alternatives d'espoir et de déception. Impossible de trouver des soldats prêts à nous escorter à 30 milles de distance pour moins de 70 livres sterling. Nous refusâmes cette somme, préférant attendre une autre intervention de Dieu. L'argent de son œuvre ne devait pas être dépensé de la sorte. La chaleur devint presque intolérable dans la journée du vendredi, mais enfin les nuages apparurent et à la nuit, la pluie se mit à tomber. Indicible bienfait ! La pluie désirée, demandée pendant des semaines, tombait à flots, couvrant le bruit de nos mouvements, nous permettant enfin de marcher librement, après cinq jours d'immobilité. Sur ces entrefaites, on nous annonce qu'il faut changer de domicile et gagner une autre maison, à la faveur des ténèbres et de la pluie. Ramassant rapidément quelques objets, nous quittons avec le bébé le grenier sale et nous nous trouvons bientôt au milieu d'une trentaine d'hommes, amis ou ennemis, nous ne pouvions le distinger. Nos dames ayant la tête enveloppée d'écharpes bleues, nous-mêmes, déguisés de notre mieux, chacun accompagné de deux hommes qui nous servaient d'escorte, et le bébé dans les bras d'un jeune chinois, nous avancions rapidement sous la pluie, et bientôt, conduits par deux chemins différents, nous nous rencontrâmes, sains et saufs à destination. Pas d'autre aventure que les chutes de la pauvre Mme Conway qui cinq fois tomba dans la boue glissante.

Et maintenant, nous voici dans nos nouveaux quartiers : un réduit étouffé, au haut d'une échelle fort raide, un pavé de briques ; mais peu importe, tout était supportable avec la perspective de quitter le lendemain, car tout faisait espérer la crue de la rivière et alors, vogue notre barque !

Notre hôte précédent parvint à nous rapporter une caisse, qui contenait encore quelques boîtes de lait, de confitures, de thé et de bougies. Cette caisse avait été emballée pour notre voyage en bateau, puis dérobée, mais les voleurs, ne trouvant pas les conserves de lait de leur goût, l'avaient rapportée. Ces précieuses victuailles restaurèrent les plus épuisés de notre bande.

Le propriétaire de notre nouvelle demeure, nommé Wang, était un homme taciturne, mais influent. Chaque nuit, il sortait bien armé, pour protéger la ville saccagée par les insurgés et dont les habitants, par centaines, avaient perdu leurs biens et même leur vie. Les nouvelles des troubles nous arrivaient de tous côtés et on nous affirmait qu'il était impossible de songer à fuir. Notre emprisonnement était d'ailleurs moins sévère que le précédent ; nous pouvions marcher dans la chambre, le soir descendre dans la maison. Notre courrier nous arriva, ce qui égaya la réclusion, mais la chaleur était torride, entassés tous dans une seule chambre avec un bébé malade et sans autre séparation qu'un rideau ; nous sentions que nous ne pourrions y tenir plus longtemps sans tomber malades.

La porte de fer allait s'ouvrir ; après douze jours et douze nuits, la crue de la rivière fut enfin suffisante pour nous permettre de nous embarquer.

On eût pu voir au point du jour, quatre formes humaines passant silencieusement dans la cour, devant des hommes endormis. Traversant la rue nous nous trouvons dans la cour d'une auberge et là, les dames s'asseyent sur une pierre, attendant le char qui doit nous conduire au bateau. Le char n'arrive pas et l'aube blanchit à l'horizon. « Qui est là ? » crie une voix. Nous pouvons encore être découverts. Un homme paraît dans la cour, mais en même temps deux formes amies s'interposent entre ses regards et les dames assises. « Qui êtes-vous ? » Quelqu'un de notre escorte répond : « Des voyageurs attendant un char. » Satisfait de cette réponse, l'homme s'éloigna. Mais les instants s'écoulaient et le char n'arrivait pas. Notre hôte taciturne, armé d'une épée tranchante et manifestement inquiet du retard, envoya des messagers sur la route. Enfin, après quarante minutes d'attente, un petit char, suivi d'un second arrivèrent. Les dames montèrent dans l'un avec notre hôte, nous dans l'autre avec un conducteur ; quelques domestiques couraient devant et derrière, et dans cet appareil, notre petite bande quitta She-Ki-Tien pour Hankow.

Dix minutes à la porte de la ville furent une attente pleine d'angoisse, mais bientôt, le cœur reconnaissant envers notre Père céleste, nous roulions dans l'air frais du matin. Le soleil brillait, tandis que nous montions dans notre vieux petit bateau, tous entassés, avec nos quatre hommes d'escorte, dans une unique cabine. Un drap huileux et un rideau formaient trois divisions : une pour les dames, une pour nous, une pour notre escorte.

« La rivière monte ; dans cinq jours, nous serons à Hankow... » Mais, dix jours après, nous étions encore loin du but ; dix jours encore pleins de leçons de patience. Nous ne pouvions nous laisser voir, le bateau était trop bas pour s'y pouvoir tenir debout. Il fallut donc rester étendus ou assis par terre, ou par moment, sur une caisse, pendant treize jours. La fenêtre, d'un pied carré, était munie d'une porte de bois qu'il fallait fermer dès que des gens étaient en vue. Dieu nous protégea d'un poste de douane à l'autre. Plusieurs fois, on nous aperçut, mais jamais on ne découvrit que nous étions des étrangers. Les dames couvraient leurs pieds et leurs cheveux, et nous prétendions être endormis. On me roula comme un paquet, fouillant mon dos ; les dames furent aussi poussées dans un coin de leur couchette, mais l'officier se borna à cette observation : « Vos voyageurs sont bien silencieux. »

On juge de notre inquiétude à chaque nouvelle perquisition. Enfin nous voici à 20 milles du terme de notre voyage. Il ne restait plus que deux douanes; nos hommes se refusèrent à avancer.

Un messager avait été envoyé à Hankow pour des vêtements et des nouvelles ; il devait être de retour le lendemain, nous résolûmes d'attendre. La chaleur devait bien atteindre 105° Farenheit. Des bateaux nous serraient de près. On nous ordonna de rester immobiles et sans parler. Le moment fixé pour le retour de notre messager arriva, mais il ne parut pas. Nos hommes étaient en grande colère et parlèrent à notre insu, de nous transborder sur un tout petit bateau et de nous traîner, à tout hasard, devant les douaniers.

Nous invoquâmes Dieu pour une nouvelle délivrance. Tout à coup, sans nous prévenir, les hommes reviennent et nous ordonnent de nous préparer immédiatement à sortir du bateau. C'était 3 heures d'une après-midi ensoleillée ; comment pouvions-nous sortir sans être vus ? « Dépêchez-vous », criait-on. Force fut d'obéir. Nous portions toujours les mêmes vêtements depuis un mois, nos effets et nos papiers furent vite ramassés et après quelques minutes, déguisés de notre mieux et empaquetés dans un plus petit bateau, nous glissions au fil de l'eau sous les yeux des douaniers redoutés. Quelques heures plus tard Hankow et ses grands vapeurs étrangers étaient en vue !

Enfin nous allions être au port ! Mais nos hommes se trompèrent encore une fois et nous menèrent au débarcadère indigène au lieu du quai des étrangers. Après un moment d'altercation et la promesse de 700 cash d'extra, ils nous y conduisirent.

Bientôt, les maisons étrangères étaient en vue, et un voyageur sale, cheveux et barbe en désordre et sans habits, arrivait à la maison missionnaire de la C. I. M., pour annoncer qu'une troupe missionnaire venait d'arriver du Honan après trente jours de poursuite ; on devine quel accueil nous attendait. Nous étions au port ! Dieu soit loué !

Délivrance de la famille Green [1]

A peine étions-nous rentrés dans notre station, que nous parvinrent, le 1er avril, de Paotingfou, des bruits de plus en plus alarmants. Tout en en rabattant beaucoup, comme il le faut toujours dans ce pays, nous sentîmes que notre position était devenue très sérieuse. Une terrible sécheresse, qui régnait depuis longtemps, venait ajouter une constante cause d'agitations à celle que produisait la haine croissante des étrangers. De larges placards, affichés partout, les accusaient d'empêcher la pluie de tomber et déclaraient que le plus sûr moyen d'en obtenir, était de les exterminer tous. Il régnait dans tout le pays une sourde inquiétude. Cependant, la bienveillance du fonctionnaire local et les visites plus fréquentes de nos amis tendaient à nous rassurer ; ils déclaraient tous que, jamais à Hwuy-luh, on n'oserait nous faire violence ; mais,

[1] Depuis que ces lignes ont été écrites, les chrétiens de Paris ont pu voir M. Green à son passage ; ils ont été frappés de son extrême modestie et de la sobriété de ses paroles. Il a relevé un fait bien saisissant, c'est qu'au moment où les trois missionnaires, placés sous le couteau des boxers, crurent qu'ils allaient subir le supplice, tous trois furent délivrés de toute crainte et sentirent une paix profonde remplir leurs âmes.

7

de cœur avec nos frères chinois, nous continuions à supplier Dieu de faire cesser la sécheresse. Quant à nos chinois indigènes, ils étaient exposés bien autrement que nous aux outrages des malveillants, et cela même au sein de leurs maisons. Le 12 juin, vers minuit, je me réveillais en sursaut et trouvais dans ma propre chambre un intrus qui parvint à s'échapper presqu'aussitôt. Les bruits et les alarmes nocturnes continuèrent à nous fatiguer les jours suivants. Vers le 30 juin, nos prières furent enfin exaucées, et nous pleurâmes de reconnaissance en voyant, après une si longue attente, tomber pendant trois jours une pluie abondante.

Le lundi 2 juillet, nous parvint la terrible nouvelle du massacre de Paotingfou et l'avis que Hiu-Shien approchait avec de la troupe et une compagnie de Boxers, et qu'à Taï-Yan-Fou, la mission catholique avait été brûlée. Dès lors, nous songeâmes à une retraite momentanée. Les gardiens d'un temple de la montagne nous ayant volontairement offert de nous y recevoir, nous envoyâmes un homme pour nous y préparer une retraite ; il revint bientôt, mais se rencontra avec un autre messager qui nous informait que toutes les stations les plus voisines, au nord, au sud, à l'ouest et à l'est, avaient été détruites. Oh ! avec quelle ferveur nous criâmes à Dieu pour être guidés par Lui. Il n'y avait pas de temps à perdre ; à la faveur de la nuit, nous réunîmes nos hardes les plus indispensables et nous nous apprêtâmes à gagner notre retraite de la montagne. Avant de quitter la station, nous réunîmes nos chrétiens et nous nous recommandâmes les uns les autres à la garde de notre Père céleste. Vers 10 heures, partirent quelques hommes en avant avec nos couvertures et nos couches, et à minuit, prenant dans nos bras nos enfants endormis, nous gravîmes la montagne. Fatigués et les cœurs affligés, nous arrivâmes à l'aube à notre refuge, répétant dans nos cœurs : « l'Éternel est notre Refuge et fort aisé à trouver. » Malheureusement, l'air est si pur et l'écho si retentissant dans ces vallées élevées que nous découvrîmes bientôt que le moindre cri de nos enfants nous trahissait ; il fallut donc tout faire pour les garder en silence. Le lendemain, nous eûmes une alerte. L'huile ayant manqué dans notre petit fourneau, Miss Gregg, qui était de la partie, et moi nous tentâmes d'entrer dans la maison voisine ; la porte étant ouverte, deux hommes qui étaient entrés dans le temple pour y brûler de l'encens, nous aperçurent ; ce fut là la cause de bien des ennuis ; mais Dieu, dans sa bonté, changea ces difficultés même, en moyen de salut.

Vers minuit, ce même 8 juillet, notre servante arrive avec une nouvelle qui nous remplit d'effroi et nous aurait désespérés sans l'assurance que le Dieu de délivrance nous gardait ; la populace avait dévasté notre maison et nous étions désormais sans feu ni lieu. Vers le soir, sachant notre mandarin bien disposé, je me rendis à la ville pour implorer son secours ; mais il se déclara impuissant en face d'ordres reçus de haut lieu, plusieurs fonctionnaires ayant été mis à mort comme amis des étrangers. Il me fit dire, par son secrétaire, qu'il mettait à ma disposition une petite troupe pour m'escorter jusqu'à la porte de la ville, grace à laquelle je pus m'échapper et regagner notre retraite vers onze heures du soir.

Lundi le 19, on apprit au village que nous occupions le temple, et à 3 heures un prêtre arriva en compagnie d'un paysan, menaçant comme un taureau, et faisant mine de vouloir nous saisir sur l'heure ; le prêtre était plus modéré et nous promîmes de ramasser nos hardes et de nous retirer. Mais où aller ? Notre premier mouvement fut de nous jeter à genoux et de crier au Dieu des délivrances ; puis regardant à Lui, avec une foi tremblante, nous nous mîmes à empaqueter tout ce qui nous restait de biens terrestres, et sachant qu'ayant à porter nos enfants, nous ne pourrions nous charger d'un grand bagage, nous nous forcions nous-mêmes à avaler tant bien que mal une partie de nos provisions, quand arriva le maître de la maison. Nous sentîmes, avec une profonde émotion, en le voyant, que nos prières étaient exaucées. « Ne craignez point, nous dit-il, j'ai une « autre cachette pour vous. Ici, en face, dans la « montagne est une vaste caverne, dont l'entrée « est fort étroite et inconnue de presque tout le « monde ; vous allez vous y retirer jusqu'à ce « qu'on trouve mieux » ; puis prenant sur ses larges épaules la plus grande partie de nos bagages, il ouvrit la marche et nous conduisit, d'abord par un sentier pierreux sur lequel notre petite « Vera » trottinait à mes côtés, puis à travers la brousse jusqu'à l'entrée de la caverne où nous arrivâmes tout essoufflés ; mais nous étions dans la retraite du rocher (Ps. LXXI, 3). Nous découvrîmes malheureusement que la grotte était très humide, et qu'une seule place, longue de cinq pieds et large de trois, était assez sèche pour permettre d'y étendre notre couchette. — Quand nos amis de la ville apprirent, le jour suivant, que les villageois nous avaient chassés du temple, ils en furent fort découragés. Quelques-uns d'entre eux se mirent à notre recherche pendant un jour entier, mais ne rencontrèrent qu'une troupe de boxers armés, qui leur demandèrent : « Etes-vous à la recherche des diables étrangers? » Ce fut ainsi que nous échappâmes pour la seconde fois à la mort, car Dieu nous avait cachés à nos amis et à nos ennemis.

Mais il est écrit : « Onésiphore m'a cherché diligemment, et m'a trouvé. » — C'est ainsi que notre cuisinier étant parti pour rentrer chez lui, devina en ne nous trouvant pas, que le gardien du temple devait savoir quelque chose de notre sort, et fut conduit par lui jusqu'à notre caverne, et vint nous rejoindre à 10 heures du soir muni de quelques aliments et d'une grande bouteille pleine de thé ; je vous laisse à penser combien son arrivée nous remplit de joie, surtout lorsqu'il nous apprit que, dès lundi, nos amis s'étaient mis en campagne pour nous trouver un abri caché, et que quatre d'entre eux arrivaient, le lendemain dans la nuit, pour nous conduire en lieu sûr à environ trois milles d'ici. Nous étions transis jusqu'aux os, et les jours passés dans la caverne avaient été une vraie épreuve. Dieu qui chargea les corbeaux de nourrir Elie, nous envoya encore un de nos anciens ouvriers qui nous apportait des gâteaux secs et une poignée de concombres.

Mais qui pourrait décrire notre reconnaissance, lorsque nous vîmes arriver la troupe de six hommes. qui venaient nous conduire en lieu sûr. Par un beau clair de lune, l'un portant Véra sur son dos, l'autre John endormi dans ses bras, la longue file se mit en marche et à 1 heure de la nuit nous arrivions chez notre hôte, qui promit de prendre le plus grand soin de nous, sans se rendre encore compte du sérieux d'une pareille promesse, car de toutes parts on rapportait la destruction des stations missionnaires de la contrée ; par l'amabilité d'un employé du télégraphe j'avais des nouvelles de nos frères, mais la maladie nous avait atteints : Miss Gregg avait pris la dysenterie, ma femme, des abcès dans les oreilles qui la firent cruellement souffrir, et moi j'étais atteint de névralgie. Nous apprîmes vers cette époque que M. et Mme Griffith et M. Brown avaient été reçus pour quelques jours dans la mission catholique alors encore indemne.

Cependant vers la troisième semaine, les villageois eurent vent de notre présence, et notre hôte se mit en devoir de creuser un passage dans la roche friable et de nous cacher dans une vieille construction attenante à la cuisine ; mais le 10 août on nous annonça qu'une troupe approchait : tous nous nous retirâmes dans notre cachette, et la brave femme en couvrit l'entrée de ses ustensiles de cuisine ; les pas approchaient cependant et M. King qui nous avait rejoints entendit clairement une altercation, puis un bruit de vaisselle, et un cri de triomphe : nous étions découverts ! D'une même voix et d'un même cri, nous dimes à Dieu : Tu es digne que nous t'offrions notre vie ! — Mais nous songions à nos chers enfants qui criaient à faire pitié : « Vont-ils maintenant nous tuer ? Sous-ils prêts à nous tuer ? Et nous leur répondimes que bientôt nous serions tous avec Jésus. Je me décidai à aller plaider auprès des assaillants, en faveur de nos deux dames et de nos enfants ; je levai la tenture qui dissimulait l'entrée, lorsqu'un coup de feu et le sentiment de stupeur qui me gagna, m'avertit que j'étais blessé, je me sentis tomber et comme tournoyer sur moi-même, et entendis la voix des boxers qui criaient : Sortez tous et montez sur le toit.

Le sang coulait à flots sur mon visage ; je l'essuyai avec mon mouchoir et vis au même moment, sur le toit voisin, l'un des hommes qui me couchait en joue, au moment où j'essayais de rentrer dans notre retraite, tombant presqu'à chaque pas, sans bien savoir ce que je faisais. « Chérie, criai-je à ma femme, une mort certaine nous attend; c'est affaire d'un moment. Nous ne méritons rien, mais Lui mérite tout! » Autant valait succomber hors de la maison que dedans; et nous dîmes donc à notre hôte Kao que nous ne voulions pas l'exposer, mais allions sortir dans la cour. On n'y voyait personne; j'avançai jusqu'au seuil de la porte lorsque j'aperçus de chaque côté un homme appuyé à la muraille, une grande épée nue en main, levée pour frapper; je reculai et rentrai dire aux dames qu'il fallait être prêt à tout; portant un enfant dans mes bras, j'avançai, les dames me suivaient avec l'autre.

Je voudrais inscrire sur ce qui suit ces mots de l'apôtre : « N'ayant rien, et pourtant possédant toutes choses ». Les hommes nous saisirent aussitôt et commencèrent à brandir leurs épées sur nos têtes, mais avant tout ils s'emparèrent de toutes nos hardes, arrachèrent à ma femme même son alliance; Miss Gregg n'avait pu emporter, au sortir de la caverne, que sa petite Bible; deux des hommes l'examinèrent et la lui rendirent, en disant : « Si vous lisez ce livre, vous pouvez aller au ciel! » — Ce livre, seul bien qui nous restât, fut pour tout le cours de notre épreuve, une source inépuisable de consolation. On nous l'enleva plus tard, mais on nous le rendit ensuite.

A notre grande surprise, après s'être saisis de tout le butin, ils nous emmenèrent dans la ville et même deux hommes se chargèrent de porter les enfants, voyant que ma blessure m'avait épuisé. Quelle procession! En route, les habitants des villages sortaient de leurs maisons, pour nous voir passer sous l'escorte d'hommes qui portaient leurs affreux couteaux et les brandissaient au-dessus de nos têtes, tandis que ceux qui portaient des fusils fermaient la marche. Il y avait dans cette foule des figures sympathiques, surtout celle de notre domestique tout en larmes à laquelle Miss Gregg cria en passant : « Nous n'avons nulle crainte, Dieu est avec nous ! »

C'est ainsi que nous rentrions dans notre demeure, où l'on nous enferma dans la chambre à manger; la porte d'entrée fut aussitôt fermée et le chef de la troupe changea de langage et de costume, nous remit officiellement entre les mains du représentant de l'autorité, qui nous fit transférer et enfermer dans un petit temple situé dans le Yamen. « Nos amis ne pouvaient que bénir Dieu de nous avoir arrachés à la main des Boxers. En examinant ma plaie, on trouva que par suite de ma position couchée, j'avais reçu dans la tête, les épaules, les bras et la face, toute la charge de grosse grenaille restée dans les plaies; cheveux, vêtements et peau étaient collés ensemble et je souffrais beaucoup, pendant la nuit, séparé du sol humide par une simple natte sur laquelle nous étions étendus.

Une consolation nous était réservée pour le matin; en effet, nous vîmes entrer, dès la première heure, Mme Lin, la collaboratrice de ma femme qui avait essayé de nous trouver dès la nuit précédente. Les voisins lui avaient affirmé que nous avions été exécutés dans la prison et que nous étions morts chantant des cantiques, mais elle avait répondu : « Je ne crains rien pour eux, Dieu est avec eux », et depuis des heures, longtemps avant le jour, elle était là, à la porte, espérant nous apercevoir au passage. Notre entrevue fut des plus touchantes, elle prit les enfants dans ses bras, les serra avec tendresse, embrassa ma femme devant tous les témoins, et ses paroles d'encouragement et les messages des autres frères nous firent dire comme l'apôtre qui se glorifiait de ses Corinthiens : « Je suis rempli de consolation et comblé de joie dans mes tribulations. » Aussitôt rentrée chez elle, Mme Lin nous envoya une grosse couverture ouatée pour l'étendre dans le tombereau où nous allions faire notre sortie, et en outre des fruits et des gâteaux pour les enfants.

Vers 7 heures, nous nous acheminions vers Chang-Tin, et après un mois d'emprisonnement et presqu'une année de continuelle sécheresse, la campagne rafraîchie par la pluie, nous apparaissait comme un jardin vert tout éclatant de beauté. Après une heure et demie de voyage, nous fûmes effrayés, en passant à côté d'une troupe de Boxers, qui retournaient à Paolingfou chargés de butin et dont quelques-uns portaient nos propres vêtements. Soutenu merveilleusement par la main de Dieu, je pus supporter ce douloureux voyage.

Arrivés à Cheng-Ting, notre escorte remit nos papiers aux autorités, et nous restâmes pendant deux heures exposés aux brûlantes ardeurs du soleil, serrés de tous côtés par une foule qui ne pouvait satisfaire sa curiosité. C'est pendant ces heures angoissantes que Dieu mit au cœur de ma femme ce texte : « Je te délivrerai du peuple auquel je t'envoie maintenant » ; de même que, dans la caverne, Miss Gregg avait entendu constamment dans son cœur cette autre parole : « Mille tomberont à tes côtés et dix mille à ta droite, mais la destruction ne s'approchera point de toi. » Ces deux textes ravivèrent étonnamment notre foi et nous maintinrent dans l'assurance que l'intention de Dieu était de nous délivrer, aussi les Lui répétions-nous constamment. Nous espérions qu'on allait nous laisser entrer dans la ville, pour y être reçus chez nos frères ou à la mission catholique ; je m'étendais déjà dans une hôtellerie, quand on vint nous dire qu'un char nous attendait pour nous conduire droit à Paotingfou.

C'est en vain que je plaidai sur tous les tons en notre faveur, observant que Paotingfu était le lieu même où les étrangers avaient été tués, qu'il était inhumain de forcer un pauvre homme blessé, deux enfants et deux dames à poursuivre, sans un moment de repos, leur voyage à travers la nuit. Tout fut inutile ; il fallut partir.

Le général avait interdit aux Boxers et aux étrangers l'entrée de sa ville, et sa fermeté avait sauvé la mission catholique ainsi que MM. Griffith et Brown.

Personne, excepté ceux qui ont voyagé dans un tombereau chinois, ne peut s'imaginer ce qu'est le transport dans un pareil véhicule. Dieu seul a pu nous donner la force de le supporter, dans l'état où nous étions. Arrivés à la prison prochaine, on nous fit place, nous donna de la paille, nous permit d'étendre ma couverture ouatée ; et nos geôliers, eux-mêmes, furent touchés de pitié, en voyant le pauvre petit John glisser de mes genoux, se blottir dans la paille et aussitôt s'endormir. Au fond de la prison était un criminel dans une cage, six autres étaient étendus sur les briques près de nous, ce qui ne nous empêcha pas de nous former en cercle et de nous endormir immédiatement ; car nous n'avions pas fermé l'œil depuis mercredi et c'était dimanche matin ! — Le petit train de chemin de fer venait de partir et nous apprîmes, vers 5 heures du soir, qu'il fallait continuer dans notre tombereau. Dieu nous donna de nouveau la grâce et la force ; vers minuit nous eûmes même en route un repas suffisant, et au petit jour nous étions à Paotingfu.

Quand nous nous trouvâmes à la porte de la ville, attendant qu'elle s'ouvrît, je compris quelque chose de ce que Jésus éprouva, en entrant pour la dernière fois à Jérusalem ! Mais quand on me sépara de ma femme et de mes enfants et que je me trouvai seul, dans la prison commune des hommes, avec une vingtaine de malfaiteurs à tous les degrés de misère et de malpropreté, j'étendis ma couverture sur le sol et me mis à pleurer ; car être séparé des miens m'était insupportable ! Mon tourment dura peu ; je fus ramené à notre char et retrouvai les dames et les enfants. Le fonctionnaire supérieur n'avait pas voulu prendre connaissance de nos papiers et nous renvoyait à l'endroit d'où nous étions venus.

Ce fut un moment critique : dans la foule paraissaient des Boxers armés de leurs grands couteaux, je me souvins de ce qu'avait dit le chef de notre escorte de Boxers : « Il y aura bientôt ici du trouble. » C'est à cet homme que nous devons notre troisième délivrance de la mort, car il se rendit chez les mandarins, plaida en notre faveur et lui assura que nous serions immanquablement massacrés dès que nous sortirions de la ville.

Le mandarin nous parla avec bienveillance, nous dit que notre « honorable » nation avait eu tort de se « révolter » contre l'empire et de prendre Tien-Tsin ; mais que, puisque nous étions entrés dans la ville, il chercherait à nous protéger. Nous demandâmes comme une faveur d'être tous mis ensemble quelque part, et nous obtînmes d'être enfermés ensemble dans la prison des femmes, où nos dames parvinrent à nettoyer, pour la première fois, mes plaies et à en extraire les petites balles à l'aide d'une aiguille et d'un canif cassé que ma femme avait trouvé dans sa poche.

Le lendemain, 15 août, on nous déclara que nous allions être conduits en barque à Tien-Tsin.

L'escorte, composée de Boxers, n'était pas rassurante, mais nous avancions rapidement, lorsqu'un matin, près d'une ville murée, qui est à 30 milles de Paotingfu, on nous fit sortir sur le rivage, et nous déclara que l'ordre avait été donné de se débarrasser de nous, en nous tuant; et en effet, tout le long du trajet, notre chef avait aiguisé l'affreux couteau qu'il nous montrait. Il ajouta : « Nous n'avons pas l'intention de commettre un « tel péché, nous n'avons aucune querelle avec « vous ; mais il faut quitter la barque et vous sau- « ver comme vous pourrez. » Lui-même pouvait à peine arrêter ses larmes ; nous nous cachâmes dans les joncs et nous mîmes à prier et à réfléchir. Evidemment nous avions, pour la quatrième fois, échappé à la mort, grâce à nos pauvres enfants qui avaient touché de pitié même le cœur des Boxers. Que te dit notre Bon Dieu, demandai-je à ma femme. Elle répondit, j'ai toujours mon texte : « Je te délivrerai du peuple auquel je t'envoie, » et Miss Gregg nous fit tous rire par sa réponse : « J'attends toujours un petit oiseau qui m'appor- « tera une lettre. »

Vers le soir, nous entendîmes passer une bande

de Boxers, qui tiraient force coups de fusils; ils étaient évidemment à notre poursuite, mais s'éloignaient sans nous apercevoir.

Le ciel s'était chargé de nuages rouges, le tonnerre commençait à gronder; nous nous assîmes au milieu des joncs, couvrant de notre mieux les pauvres enfants et après deux longues heures d'orage et de pluie, tout trempés et gelés, nous nous acheminâmes vers une ferme où brillait une lumière; un garçon traversait la cour; je lui contai notre histoire et lui demandai s'il pourrait nous procurer une barque, il nous fit entrer et nous demanda d'attendre, se récriant sur l'inhumanité des Boxers. Nous étions tous endormis depuis peu, lorsque nous fûmes réveillés par d'étranges cris venant de la cour; la pensée nous traversa aussitôt: Nous sommes « trahis! » La natte de la maison se leva tout à coup et nous nous trouvâmes en face d'une bande de Boxers, qui me jetèrent par terre et me foulèrent aux pieds; ce dont je puis me souvenir c'est d'avoir reçu des coups sur plusieurs parties du corps, puis d'un effroi momentané à l'ouïe des cris de mes enfants, puis d'une paix intime et profonde ressentie également par nos deux dames et moi, au moment où nous croyions être sûrs de mourir.

On nous tira hors de la maison dans la boue ; ils nous attachèrent les mains aux pieds, se servant eux-mêmes autant des pieds que des mains pour nous mettre dans la position voulue, quoique nous n'offrions aucune résistance. N'entendant plus les cris des enfants, je pensais qu'ils nous avaient précédés dans un monde meilleur.

Miss Gregg fut traînée par les cheveux jusqu'à une pierre où l'on brûle de l'encens ; et tandis qu'on tenait sa tête sur la pierre, l'un des boxers criait : « Qui veut frapper ! » mais d'autres voix criaient : « Allons d'abord au quartier général. »

Etendus par terre dans la boue, nous recevions des passants des coups de plat de sabre ou de manche de lance ; Miss Gregg était à côté de moi, et tandis que coup après coup tombait sur elle, je n'entendais pas un seul cri, mais seulement un profond soupir.

Je ne pouvais ni voir ni entendre ma femme, mais compris qu'on donnait l'ordre de nous emporter. J'avais les mains attachées aux pieds ; un homme passa sous mon bras gauche deux bois de lances, un second en prit l'autre extrémité et c'est dans cette position, pendu par un bras, que je fus charrié à une distance de 400 mètres environ. Si cela avait duré davantage, j'aurais perdu connaissance, tant ma douleur était intense ; en passant on me heurta la tête contre une grande cruche de pierre, puis on me jeta sur le sol humide de la cour.

Le cri des enfants vint me rassurer sur leur sort et Miss Gregg et ma femme furent charriées de la même façon, l'une ayant comme moi pieds et mains liés ensemble ; Miss Gregg seulement une main et un pied. Le petit John eut les pieds et les mains liés et fut porté, tandis qu'on fit marcher Vera, les mains liées derrière le dos ; nous étions ainsi très près et nous entendions les gens se féliciter de la capture des diables étrangers.

Un grand jeune homme fit alors son apparition ; il parlait avec l'autorité d'un chef, et me demanda si j'avais quelque chose à dire : Je le priai seulement d'abréger notre supplice et de nous épargner des tourments prolongés et si nous devions être exécutés. Il avait placé une brique sous ma tête ; plus tard on me fit asseoir, pour m'interroger plus commodément ; mais on n'attacha aucune foi à mon récit, jusqu'à ce qu'un des assistants affirma que mon langage et mon accent étaient bien ceux de Hwuy-Lu. Je demandai qu'on soulevât la tête de ma femme, hors de la flaque d'eau où elle avait été étendue. Miss Gregg eut aussi les mains liées par devant, au lieu de les avoir attachées sur le dos ; pour moi ce soulagement me fut refusé jusqu'au jour suivant, malgré les cruelles souffrances que me causaient mes plaies.

Attaché au piédestal de l'autel des parfums je fus interrogé pendant trois heures ; l'un des assistants avait rencontré notre barque et attestait la vérité de mon témoignage ; un autre déclarait que je ne pouvais être un prêtre romain, puisque j'avais deux femmes ; finalement on nous détacha et nous donna à manger.

La chaleur intense, les moustiques, de jour les visites des boxers armés et menaçants, de nuit les rats et la vermine empêchaient tout repos ; mais à la gloire de Dieu, je puis affirmer que nous nous sentions soutenus par sa puissante grâce.

Le samedi suivant arriva la députation envoyée à Paolingfou auprès de l'autorité supérieure. Le chef militaire était en grande colère de ce qu'on ne se fût pas débarrassé de nous en route ; mais le collège des marchands et des lettrés du lieu, devant lequel je fus placé, avait l'autorité supérieure et déclara qu'il était décidé à nous protéger et à nous envoyer à Tien-Tsin.

Le dimanche, 2 ou 3.000 boxers arrivèrent dans la ville et nous nous demandions si l'autorité civile serait de force à nous délivrer de leurs mains; mais malgré leurs constantes menaces, notre Dieu nous délivra encore de leur fureur.

Certes ceux qui ne connaissent pas notre Dieu s'en étonneront. Nos prières pour le pain quotidien furent également exaucées par toutes sortes de petits cadeaux de nourriture et d'argent que nous apportèrent des Chinois compatissants. L'un d'eux me tendit une poignée de centimes, en me disant : « Vous avez certainement besoin de tabac ».

Un jour que triste et abattu j'éventais nos dames et nos enfants endormis, tous nos gardiens faisant leur sieste, je vis paraître à la porte un curieux, qui jeta vers moi un petit lambeau de papier. Je crus qu'il le faisait par mépris ; mais il revint, me le montra du doigt, piqua ainsi ma curiosité ; je le ramassai et lus, en anglais, en mots tracés en caractères assez épais : « Ne craignez « rien ; les brigands ont été presque tous tués par « les armées chinoises et européennes, je vais à « Tien-Tsin demander au consul qu'on vous pro- « tège. Détruisez ce papier après lecture ». — L'homme disparut aussitôt ; mon émotion était telle que je réveillai nos dames pour leur montrer le billet ; Miss Gregg répondit : « Voilà le petit « oiseau que j'attendais ».

Mais nous n'étions pas au bout de nos souffrances. Les boxers revinrent à la charge ; l'un d'eux braqua la bouche de son fusil sur la face de ma femme et lui dit : « Nous allons vous faire votre affaire » ; il se retira cependant ; le lendemain matin, nous venions de lire le psaume 146, nous arrêtant au verset 7 : « Le Seigneur délivre les prisonniers », quand un des habitants vint nous avertir que nous étions très menacés.

Le collège des marchands et des lettrés tint bon, réunit une immense assemblée de 500 hommes d'influence et parvint à calmer les assaillants par des paroles et des cadeaux. Pendant cette longue et accablante journée, on nous avait oubliés ; personne ne nous avait apporté quelque nourriture ; j'étais à bout de forces et plus près que jamais du désespoir ; je demandai avec larmes à nos deux dames de prier pour moi ; le calme intérieur me fut rendu ; un verset de cantique exprimant la confiance entière me revint à la mémoire et nous nous mîmes à le chanter tous trois ; nos défenseurs s'excusèrent d'avoir pu nous oublier et nous apportèrent, après tout, quelques aliments.

Un peu après on nous annonça que nous allions être conduits à Paolingfou. Je me récriai, disant que c'était nous mener à la mort ; mais un des

notables du lieu me dit que je n'avais rien à crain_
dre, le consul ayant envoyé un commissaire spécial pour nous recevoir. Nous reconnûmes les bons
offices de celui que Miss Gregg avait appelé « le
petit oiseau », mais c'était bien notre Dieu qui
avait donné aux habitants de Hsin-an la force de
résister à la horde des boxers.

J'aime à rappeler ici que c'était la septième délivrance de la mort que Dieu nous accordait. J'en
suis rempli d'admiration, d'amour et de gratitude
envers Lui ; je dis la septième que nous avons vue
de nos yeux, mais qui comptera les assauts de
l'ennemi dont Dieu nous a fait échapper sans que
nous ayons pu les voir ?

Le 6 septembre, vers minuit, nous nous acheminâmes vers la rivière, où deux barques nous attendaient ; j'y portai presque ma pauvre femme, tant
elle était épuisée et incapable de marcher. Six ou
sept hommes de l'escorte montèrent dans l'une
des barques, le reste entra dans l'autre. Une petite troupe de commerçants nous accompagna jusqu'au lieu d'embarquement, nous fournissant de
la nourriture et nous congédiant avec des vœux de
bonne arrivée.

A Paotingfou, on nous reçut avec égards ; on me
demanda comment le consul de Tsientsin avait pu

apprendre que nous étions prisonniers à Hsin-an ; nous montions rapidement en grade ; on nous amena à la résidence du mandarin, qui nous fournit un lit tout neuf, m'envoya son barbier et un repas préparé par son propre cuisinier. Un officier, envoyé par le juge suprême, est chargé de prendre soin de nous ; nous étions hier des parias et nous voilà transformés en hôtes honorés ! On me permet de télégraphier, aux frais du juge, à Schanghai ; et enfin, après quatre mois, nous recevons le premier message du dehors commençant par « *Halleluia !* » — Là s'arrête le journal de M. Green.

Le 10 octobre, la charmante petite Véra succomba à la dysenterie, M. Green tomba malade de fièvre typhoïde. Les Français arrivèrent le 13 octobre ; le 16, le colonel français fit chercher M. Green, qui ne pouvait marcher et le reçut avec les siens dans le camp français.

Miss Gregg ajoute : « Nous attendons maintenant d'être remis entre les mains des troupes anglaises qui arrivent sous la conduite du général Gaselee. Soyez donc maintenant sans angoisse. Nous sommes sauvés ! »

CONCLUSION

La tradition authentique de l'âge des martyrs
rapporte que l'Eglise célébrait le jour anniversaire
de leur supplice, comme celui de leur naissance
à la vie éternelle.

Aussi, lorsque les missionnaires survivants se
sont réunis à Mildmay, le 12 février dernier (1901),
pour se souvenir de leurs frères morts en Chine,
les accents du deuil et d'une tendre sympathie
ont alterné avec les actions de grâce pour la
fermeté de leur foi et pour les délivrances accor-
dées à tant de survivants, puisque sur 2.727 agents,
134 seulement ont succombé.

« Comme aux temps bibliques, a dit M. Fox,
« secrétaire de la C. M. S., le Dieu des miracles
« s'est révélé au sein de la tourmente et plus d'un
« païen a appris que nous avons un Dieu qui sait
« protéger les siens !

« Sans doute il ne les a pas tous délivrés !
« Mais que dire s'il a voulu leur faire gagner une
« couronne et la placer Lui-même sur leurs fronts ?

« Tout dernièrement un éclat d'obus emportait
« tout le bas du visage d'un soldat ; incapable dé-
« sormais de parler, il écrivit sur la feuille de
« papier qu'on lui tendit, une seule question :
« Avons-nous vaincu ? — Gloire à Jésus ! nos frères
« ont vaincu ! Souvenons-nous que, lorsque la
« foule lapidait saint Etienne, Dieu, du sein de
« cette foule, sut conquérir son plus grand apôtre :
« Saul de Tarse. »

Il en a été pour nous, comme pour Esther, disait
M. Lutby, qui a perdu ses enfants, mais échappé
lui-même : le plan homicide d'Haman a été
déjoué.

Comment plusieurs officiers chinois ont-ils osé
résister à l'ordre de nous exterminer tous ? Dieu
seul le sait. A la capitale, ceux qui ont refusé d'exé-
cuter l'édit, l'ont payé de leur vie.

M. Dreyer qui, lui aussi, a échappé à la mort,
s'écriait : « Combien je voudrais que vous eussiez
été avec moi à Ping-yang-Fou, quand nous reçu-
mes la première nouvelle que nos dames missionnaires de Hiao-i avaient été tuées ! Je voudrais que
vous eussiez pu constater la fidélité de nos convertis chinois pendant ces jours d'épreuve ! L'un d'eux
m'aborda et me dit : Voulez-vous vous agenouiller
près de moi? J'ai à dire quelque chose et, fondant

en larmes, il commença à dire : Je bénis Dieu d'avoir pu venir à votre école et d'y avoir appris à me confier en Lui comme en mon Sauveur. Maintenant, je désirerais rester avec vous et, s'il le faut, mourir près de vous ; mais mon oncle vient d'arriver et me dit, que je dois retourner avec lui auprès de ma mère veuve. Que dois-je faire ? Il n'y avait pas à hésiter. Mais avant qu'il nous quittât, pour rejoindre sa mère veuve, nous priâmes l'un pour l'autre, fondant tous deux en larmes : jamais je ne l'oublierai. »

Une lettre reçue tout récemment contient ce qui suit : « Nos cœurs sont transportés de joie, en pen« sant à la fidélité de nos chrétiens indigènes de « Taï-yan-Fou. Le jour du massacre, on commença « par trancher la tête aux missionnaires, puis les « chrétiens chinois furent forcés de se mettre à « genoux et de boire le sang de leurs frères, et « pendant qu'ils étaient ainsi agenouillés, ils fu« rent tous mis à mort. »

Pas un n'a renié sa foi, « les filles de l'école furent conduites devant le gouverneur, qui leur dit : Vous suivez les étrangers ; elles répondirent : Non, nous suivons Jésus-Christ ! »

Il est beau le témoignage qu'ont rendu les chrétiens chinois et leur fidélité au sein de la mort lé-

gitime l'exclamation de M. Green : « Comme Paul,
« je suis fier de la foi et de la fidélité de nos nou-
« veaux Corinthiens ! » Quant aux chinois païens,
les brigands et les boxers ne sont pas leurs vrais
représentants. Preuve en soit, Tuan, gouverneur
du Chensi, qui, après avoir fait arracher les pro-
clamations qui ordonnaient le meurtre, a fait protéger efficacement, par ses soldats, la fuite des
missionnaires suédois.

Non content de donner aux fugitifs des cadeaux
variés, de la nourriture et du thé, il écrivit au gouverneur du Hupeh Chang-Chi-tung pour lui recommander ses protégés étrangers ; et comme leur
route les conduisait par la province ennemie du
Honan, il leur fournit jusqu'à destination une
escorte, qui fit reculer les soldats ennemis envoyés
à leur poursuite, et sauva toute la troupe. Tuan n'a
pas sauvé ainsi moins de 90 étrangers.

Un autre employé supérieur cacha pendant cinq
jours les fugitifs dans sa propre maison ; quand
dix jours furent écoulés, il leur dit avec l'accent du
regret : « Si maintenant votre Dieu ne vous délivre
pas, moi je ne sais plus que faire. » Ce jour même
arriva le télégramme du chef hiérarchique de la
contrée, Li-Hung-Chang, ordonnant à tous ses subordonnés de protéger les étrangers.

Quel va être le résultat de tant de troubles? Personne ne saurait répondre péremptoirement à cette question que chaque lecteur se posera après avoir lu ce qui précède. Mais une réponse est absolument certaine, c'est qu'aucune des 44 sociétés engagées dans l'œuvre ne reculera, et que toutes les voix des missionnaires survivants répètent à l'unisson : Serrons nos rangs et remontons à l'assaut ! ainsi que l'écrivait de Han-Kow le Dr Griffith Joves : « J'ai vu de grandes transfor-
« mations en Chine, pendant les 70 ans de ma vie,
« mais beaucoup de mes collègues en verront
« de bien plus profondes ; moi, je ne les verrai
« plus et je me prends à envier leur sort. Jamais,
« à mon avis, la Chine n'a offert plus d'attraits aux
« chrétiens qu'aujourd'hui ! Plus d'hommes ! plus
« hommes ! plus d'hommes ! tel a été mon cri
« dans le passé ; tel est mon cri aujourd'hui ! Oh !
« si seulement les Églises pouvaient s'élever à la
« hauteur de leurs privilèges, et conquérir à Christ
« cet immense empire ! Une forte église chrétienne
« en Chine assurerait pour l'avenir la paix aux
« chrétiens chinois, vers lesquels me portent plus
« que jamais mes plus profondes et mes meilleures
« affections ; seule elle pourrait garantir les inté-
« rêts légitimes de la Chine et de l'étranger

ALENÇON. — IMPRIMERIE VEUVE FÉLIX GUY ET Cie.

www.ingramcontent.com/pod-product-compliance
Lightning Source LLC
LaVergne TN
LVHW021837170726
843503LV00003B/965